EDITORA JURISMESTRE

FICHA CATALOGRÁFICA
Bibliotecária: Alice Tacão Wagner - CRB 7/RJ 4316

S487d
Serrano, Pablo Jiménez.
Direito dos contratos: doutrina geral. [livro eletrônico] / Pablo Jiménez Serrano. – Rio de Janeiro: Jurismestre, 2015.

117 p. : Il.

ISBN 978-85-69257-14-1

1. Direito. 2. Direito das obrigações. 3. Contratos – direito. I. Título.

CDD – 340

***Editoração e Acabamento*:**
Editora Jurismestre – Rua H, n. 173
Fone: (24) 99905-8200 – 27251-223 – Volta Redonda, RJ.
www.loja.jurismestre.com.br
contato@jurismestre.com.br

Pablo Jiménez Serrano

Graduação em Direito pela Universidade do Oriente, Cuba (1983), Mestrado em Epistemologia da Política e do Direito pela Universidade São Judas Tadeu (2005) e Doutorado em Direito pela Universidade do Oriente, Cuba (1996), diploma revalidado (RECONHECIDO), de acordo com os documentos constantes do Processo n. 2000.1.4694.1.7 pela Universidade de São Paulo - USP/SP (02 de agosto de 2004). Cursou o Programa de Doutorado: Metodologia Fontes e Instituições Jurídicas da Universidade de Alicante, Espanha. Professor e pesquisador do Centro Universitário Salesiano de São Paulo, Unisal, Lorena. Professor e pesquisador do Centro Universitário de Volta Redonda, UniFOA. Professor e pesquisador do Centro Universitário de Barra Mansa, UBM. Tem experiência na área de Direito, com ênfase em Direito Civil e Direito do Consumidor, atuando principalmente nos seguintes temas: Metodologia do Ensino e da Pesquisa Jurídica, Hermenêutica e Interpretação Jurídica, Filosofia do Direito, Ética Pública e Empresarial, Teoria do Direito etc. É autor de vários livros e artigos científicos.

Sumário

Introdução

Na presente obra decidimos privilegiar um estudo acerca da importante Teoria dos Contratos. Tratamos, pois, de um conhecimento basilar para a compreensão e domínio do tecnicismo jurídico, em geral, e dos direitos Privado e Civil, em particular.

A obra tem como cerne a abordagem histórico-doutrinária dos conceitos, classificações e definições do contrato como instituição jurídica e de suas espécies. Contudo, destaca-se o lugar que ocupa a doutrina contratual dentro do Direito Privado, estudo que nos exigiu a sistematização teórica e metodológica do conteúdo essencial deste direito crucial.

Assim, considerando o Direito dos Contratos como uma disciplina central de todo sistema jurídico, algumas questões parecem ser decisivas para o estudo, interpretação e uso de doutrinas e normas jurídicas, a saber:

a) qual a definição e natureza jurídica do contrato?

b) qual é o objeto ou o conteúdo do direito contratual?

c) qual o papel, a utilidade e o lugar que o Direito dos Contratos ocupa dentro do ordenamento jurídico vigente?

d) quais são os conceitos básicos deste importante direito?

e) quais são os princípios e regras mais usados no trabalho jurídico, no conhecimento e na resolução dos conflitos jurídicos?

f) quais são os métodos didáticos a serem usados para a compreensão dos conteúdos desta disciplina?

g) quais relações se observam entre a teoria dos contatos e a prática jurídica?

Eis que, a compreensão de tais problemas se faz depender do conhecimento e domínio de diversas categorias propostas pela doutrina nacional e estrangeira, teoria que nos permite desvendar o caráter (ou natureza) de um ramo do direito, muitas vezes visto como uma ciência ou como uma parte específica do Direito Civil.

Em efeito, concluímos que o Direito dos Contratos é um instituto basilar que nos fornece os fundamentos para a compreensão de Direito em geral e a estruturação de todo e qualquer regime jurídico em particular. Sua compreensão facilita a projeção do caminho que nos permitem, entre outras coisas, a pesquisa e a resolução dos problemas jurídicos. Eis o que justifica a divulgação destas primeiras linhas, por meio das quais decidimos difundir o estudo da estrutura conceitual, principiológica e institucional desta importante área, destacando, ainda, a forma em que o regime das obrigações e dos contratos se nos apresenta no Código Civil brasileiro, preâmbulo para futuros trabalhos que terão como objeto as regras contidas na legislação estrangeira.

Capítulo 1

O Contrato como Instituição Jurídica

O contrato foi considerado historicamente como um ato jurídico bilateral, pois para sua validade (existência) se exige a manifestação de duas ou mais vontades que, ao coincidirem em dado momento, aperfeiçoam-se, originando assim o consentimento. Dessa maneira, pode-se afirmar que o contrato é um ato jurídico bilateral perfeito; e, mais, um negócio jurídico que gera consequências reguladas juridicamente, pois, mediante este, criam-se, resguardam-se, transferem-se, modificam-se ou extinguem-se direitos.

A palavra "contrato" procede da expressão *cum* e *traho*, que quer dizer *ligare,* significando, por conseguinte, a relação constituída com base num acordo ou convenção. É obscura, sem embargo, sua origem, e por essa razão surgiram muitas contraovérsias entre os romanistas ao redor da relação existente entre os conceitos de contrato, convenção e pacto[1]. Contrato (*contractus*) significa unir, contrair. Não era o único termo utilizado em Direito Romano para finalidades semelhantes. "A convenção, de *conventio,* provém de *cum venire*, vir junto. E pacto provém de *pacis si*, estar de acordo"[2]. "No direito moderno, o termo pacto tem sentido diverso do que lhe atribuíam os romanos. Significa a cláusula aposta a certos contratos para lhes emprestar feito especial. Pacto não é mais, como no Direito romano, a convenção desprovida de sanção".[3]

Do ponto de vista estrutural - como bem afirma Daniel Peral Collado -, o termo "contrato" foi concebido em dois sentidos distintos:

a) como documento no qual se consigna um conjunto de cláusulas ou condições;

b) como um ato jurídico, fato humano que possui efeitos jurídicos e que se realiza conscientemente (negócio jurídico).

---

[1] CASTÁN Tobeñas, José. *Derecho Civil español, Comun y Foral.* Madrid, 1991, p 510.
[2] SALVO Venosa, Silvio de. *Teoria Geral dos Contratos.* 3. ed. São Paulo: Atlas, 1997, p 17.
[3] GOMES, Orlando. *Contratos.* 6. Ed. Rio de Janeiro: Forense, 1978, p 17.

Ao primeiro significado se atribui o caráter de concepção vulgar, e, ainda que se o utilize em algumas legislações, resulta realmente inexata, pois é certo que conduz à crença de que o contrato é um documento, quando verdadeiramente o contrato pode ser estipulado verbalmente ou por escrito, sendo o documento somente um resultado, um elemento probatório com o qual se pode demonstrar a existência da relação jurídica contratual.[4]

Na prática também se emprega a palavra "contrato" em acepções distintas, seja para designar o negócio jurídico bilateral gerador de obrigações, ou o instrumento em que se lavra, seja a escritura pública, o escrito particular formal, ou simples missiva. Na linguagem corrente, essa sinonímia está generalizada a tal ponto que se tornou usual entre os leigos afirmar a inexistência de contrato porque o acordo de vontade não está reduzido a escrito. O contrato tanto se celebra por essa forma como verbalmente. Não é o instrumento que lhe dá existência, mas o encontro de duas declarações convergentes de vontades, emitidas no propósito de constituir, regular ou extinguir, entre os declarantes, uma relação jurídica patrimonial de conveniência mútua.[5]

A idéia de um contrato absolutamente paritário, afirma Venosa, "é aquela ínsita ao direito privado. Duas pessoas, ao tratarem de um objeto a ser contratado, discutem todas as cláusulas minudentemente, propõem e contrapropõem a respeito de preço, prazo, conclusão do contrato. Nesse tipo de contrato sobreleva-se a autonomia da vontade: quem vende ou compra; aluga ou toma alugado; empresta ou toma emprestado está em igualdade de condições para impor sua vontade nesta ou naquela cláusula, transigindo num ou noutro ponto da relação contratual para atingir o fim desejado".[6]

Tem acontecido com muita frequência que, ao definirem o contrato, diferentes autores o figuram como uma categoria que expressa o "acordo de vontades pelo qual se cria, modifica ou extingue uma relação jurídica". Sem embargo disso, é de frisar em qualquer definição os elementos que realmente distinguem o contrato como categoria jurídica de qualquer outro ato jurídico que não chega a constituir-se como contrato, ainda que exista a manifestação de vontades e gerem-se consequências jurídicas, pois a categoria de ato jurídico é utilizada também ao nos referirmos a outros institutos de direito.

---

[4] PERAL Collado, Daniel. *Obligaciones y Contratos Civiles*. Op. cit., p 18.
[5] GOMES, Orlando. *Contratos*. Op. cit., p 17.
[6] SALVO Venosa, Silvio de. *Teoria Geral dos Contratos*. Op. cit., p 19.

Existem, entretanto, acordos relativos a interesses patrimoniais que não são considerados contratos porque não originam, para as partes, diferentes obrigações que modifiquem a situação preexistente, limitando-se a estabelecer regras a serem observadas se as partes praticam os atos prefigurados, como os acordos normativos, ou acertando situações jurídicas incertas, como a transação. Parte da doutrina empresta natureza contratual a esses negócios.[7]

O conceito moderno do contrato é caracterizado por estas duas notas:

1.- Constituir o contrato uma categoria abstrata ou genérica e não como no Direito romano, uma série de figuras singulares.

2.- Ter sua base na convenção ou pacto, ou seja, no acordo de vontades.[8]

Igualmente se reconheceu que existem três concepções sobre o contrato: a primeira o identifica como a convenção ou ato jurídico bilateral que está dirigido a criar relações de obrigação, a adquirir, a modificar, a transferir, a resguardar ou extinguir as existentes; a segunda (sentido estrito) estabelece uma separação entre a convenção e o contrato, considerando aquela o gênero, e a este a espécie, reconhecendo-se que convenção é todo acordo sobre um objeto de interesse jurídico, que tanto pode ser a constituição de um vínculo obrigatório como de um direito real, bem como ainda de uma relação familiar, e que, portanto, o contrato é exclusivamente o acordo dirigido a constituir uma obrigação patrimonial; e finalmente a terceira (concepção intermediária), sem prejuízo de reconhecer o contrato como meio de transmissão de direitos sobre as coisas, se reconhece que tem ele sempre conteúdo patrimonial, e incluem-se dentro deles não só os acordos dirigidos a constituir uma relação jurídica obrigatória, senão também os encaminhados a extingui-las, resguardá-las, transferi-las ou modificá-las.[9]

Emprega-se o vocábulo "contrato", igualmente, "em sentido amplo e restrito. No primeiro, designa todo negócio jurídico que se forma pelo concurso de vontades. No segundo,

---

[7] GOMES, Orlando. *Contratos*. Op. cit., p 18.
[8] CASTÁN Tobeñas, José. Op., cit., p 512.
[9] Ibid., p 515.

o acordo de vontades produtivo de efeitos obrigacionais. Em sentido ainda mais estrito, o negócio jurídico que tem a função específica de criar obrigação patrimonial".[10]

Por tais razões, reconheceu-se que o contrato possui um conteúdo patrimonial, e, com apoio nisso, foram elaboradas diferentes definições. De todas as formas, muitos doutrinadores, não incorporando tal caráter em suas definições, reconhecem que, em si, pertence à sua existência, ao considerar que o contrato é "o acordo de vontades, anteriormente divergentes, em virtude do qual se cria, modifica, ou extingue uma relação jurídica, e que para que essa relação jurídica possa criar-se, modificar-se ou extinguir-se é necessário, desde logo, que o alcance e o efeito do acordo conforme um compromisso de dar, fazer ou fazer alguma coisa".[11]

Em outro sentido, as relações jurídicas que surgem dos contratos podem ser patrimoniais ou não patrimoniais vinculadas a estas, e têm como sujeitos pessoas situadas em plano de igualdade que, mediante aquelas, satisfazem necessidades materiais e espirituais.[12] De toda forma, como bem já se disse, mediante a contratação se facilita a circulação dos bens sobre os quais recaem os direitos patrimoniais. "Contrato não é apenas o negócio jurídico bilateral disciplinado no Direito das Obrigações, mas a figura negocial que ultrapassa o âmbito do Direito Civil, e, nos domínios deste, se acha presente, igualmente, nas outras partes em que se divide: no Direito de Família, no Direito das Coisas e no Direito das Sucessões".[13]

A doutrina relativa aos contratos está relacionada à Teoria do Ato Jurídico, pois, como já dizíamos, o contrato é um ato jurídico por excelência, e, ainda que o ato jurídico suponha uma situação de direito fundada na vontade, sabemos que existem diferentes tipos de atos (o casamento e o testamento) que não chegam a ser contratos. Portanto, como já demonstramos, "é preciso distinguir especificamente o contrato de outras figuras, nas quais as declarações de vontade combinam seus efeitos, sem que por isso se as considere um contrato".[14]

A doutrina considera também como ato jurídico os delitos e os chamados atos dolosos ou culposos, por afirmar-se que estes se fundam na vontade e produzem efeitos jurídicos. Sem

---

[10] GOMES, Orlando. *Contratos*. Op. cit., p 16.
[11] PERAL Collado, Daniel. Op. cit., p 24.
[12] RAPA Alvarez, Vicente. *Manual de Obligaciones y Contratos*. MES. La Habana, 1988, p 125.
[13] GOMES, Orlando. *Contratos*. Op., cit. p 15.
[14] PERAL Collado, Daniel. Op. cit., p 20.

embargo, é de observar-se que a manifestação de vontade nos atos jurídicos persegue a produção de efeitos jurídicos. Em tal sentido, é prudente analisar em separado aqueles atos que originam situações jurídicas evidentemente desejadas, e que se executam com a finalidade de criar as consequências que dão lugar ao exercício de um direito derivado de uma obrigação contratual, pelo que, se o ato jurídico é uma categoria geral, mediante a qual as partes - de maneira voluntária - criam uma situação de direito desejada, os delitos ficariam fora de tal consideração, pois neles o sujeito atua voluntariamente no ato, sem perseguir as consequências que o mesmo ato gera, quer dizer, a sanção penal e a responsabilidade civil.

Da mesma maneira, é necessário diferenciar os atos unilaterais dos bilaterais, aqueles se baseando em uma manifestação de vontade e estes em duas ou mais vontades emitidas por várias pessoas, para criar a relação jurídica em questão. No caso do contrato, como ato jurídico bilateral, suas consequências ou efeitos podem gerar obrigações unilaterais ou bilaterais segundo o caso, o que explica que, ainda que o contrato seja bilateral como ato jurídico, por seus efeitos pode ser unilateral, pois esta última classificação, como veremos mais adiante, não se refere à manifestação das vontades para formar o consentimento, senão às consequências ou nexo que tal relação produz, quer dizer, ao vínculo jurídico que se cria.

Dentro da teoria dos negócios jurídicos é tradicional a distinção entre os atos unilaterais e os bilaterais. Aqueles se aperfeiçoam pela manifestação da vontade de uma das partes, enquanto estes dependem da coincidência de dois ou mais consentimentos. Os negócios bilaterais, isto é, os que decorrem de acordo de mais de uma vontade, são os contratos. Portanto, o contrato representa uma espécie do gênero negócio jurídico. E a diferença específica entre ambos consiste na circunstância de o aperfeiçoamento do contrato depender da conjunção da vontade de duas ou mais partes.[15]

A realidade nos indica que existem atos jurídicos similares por seu fundamento nos quais sempre está presente a manifestação de vontade, tais como o casamento e o contrato. Entretanto, para o caso dos contratos, o consentimento das partes gera eficácia e materialização de uma relação jurídica que possui objeto e conteúdo distintos, e que, portanto, não se estabelecem regras comuns para essas instituições, pois, como sabemos, tanto o contrato como o casamento têm causas e consequências diferentes e o objetos de ambas as

---

[15] RODRIGUES, Silvio. *Direito Civil. Dos contratos e das declarações unilaterais da vontade*". 21. ed. atualizada. São Paulo: Saraiva, Vol. 3. 1993, p 9.

relações jurídicas se dirigem a dois mundos contrapostos: um, ao sentimental, ao emocional, ao interesse natural que marca o desejo das pessoas de fazer a vida em comum, e o outro, para o mundo econômico, patrimonial, onde vigora o intercâmbio de mercancias, produtos e serviços para satisfazer diferentes necessidades. Desse modo, a proteção, o reconhecimento, a extinção desses atos, e a solução dos conflitos que eles geram, hão de reger-se e resolver-se por princípios e regras distintas.

Por outro lado, ainda também que se considere o contrato como uma fonte essencial das obrigações, essa categoria não só se prestou a gerar obrigações, senão também para medir e regular as relações econômicas de cada país, pois, com ele, criam-se relações jurídicas de toda índole, relacionadas com os direitos reais, de família e com os de sucessões.

Tudo isso demonstra a importância do estudo da Teoria Geral dos Contratos. Nesse sentido já se percebeu que: "as obrigações mais correntes são as contratuais e são as que originam um maior número de controvérsias judiciais"[16]. Então, o contrato é transcendental para a vida e a economia, até o ponto em que a contratação e o progresso seguem na história uma curva ascendente e pararela.[17]

Do ponto de vista econômico, o contrato é um instrumento jurídico que medeia as relações patrimoniais (relações monetário-mercantis), representando assim o termômetro principal e indispensável que possui o Estado para medir, limitar, reconhecer e proteger as relações monetário-mercantis, ao destacar-se nele a essência e a natureza das formas de intercâmbio de produtos e serviços entre os homens.

1.1 O contrato como fonte das obrigações

Diz-se que a Teoria do Contrato é a matéria mais importante no estudo do Direito das Obrigações, já que o contrato é a causa mais frequente, ainda que não a única fonte ordinária e normal das mesmas.

Assim, é considerado o contrato como a figura central para explicar ou construir todo o gênero de instituições jurídicas. Tomou sê-o como base para explicar a criação do Estado por

[16] MARTÍNEZ Escobar, Manuel. *Obligaciones y Contratos*. [se, sl]. La Habana 1938, p 19.
[17] CASTÁN Tobeñas, José. Op. cit., p 503.

meio do chamado "contrato social", a imposição da pena, aceita de antemão por quem haveria de sofrê-la, ou como base para a constituição, regulação e ordenamento do direito econômico, mercantil e internacional, por meio dos Códigos e Tratados reguladores do intercâmbio de mercancias. Entretanto, em toda a sua evolução, o contrato foi a "alavanca" que garantiu a circulação monetária, dos bens e da execução necessária dos serviços.

Porém, à grandeza e ao predomínio do contrato se seguiu uma espécie de resistência e limitações jurídicas, e, nos últimos tempos, a corrente neoliberal levantou e levanta o espírito do mesmo, até pousá-lo na meta que algumas sociedades desejam alcançar. Segundo essa corrente, é importante liberar o contrato de toda a trava e atadura que limite o desenvolvimento econômico. Como é observado, a teoria geral dos contratos continua sendo considerada muito importante no estudo do Direito.

1.2 Diversas definições

Acerca do contrato foram elaboradas diversas definições. De maneira geral, já evidenciamos que este foi considerado uma convenção jurídica mediante a qual uma ou mais pessoas se obrigam em favor de outras ou várias ao cumprimento de uma prestação de dar, fazer ou não fazer alguma coisa ou de satisfazer um serviço.

Savigny definia o contrato como o acordo de duas ou mais vontades sobre uma declaração de vontade comum destinada a regular suas relações jurídicas.

La Serna e Montalbán, por sua vez, definiam o contrato como o convênio de uma mesma coisa, celebrado entre duas ou mais pessoas que podem ser compelidas a cumpri-lo.

Karl Marx conceituava o contrato como forma de relação jurídica que carregava dentro de si o intercâmbio de mercancias entre possuidores, já se desenvolvera essa relação legalmente ou não. Via, então, o contrato como uma relação de vontades em que se refletia a própria relação econômica, cujo conteúdo era determinado pela mesma relação econômica.

Como se pode verificar, ao estruturar um conceito, deve ter-se presente que nem todo acordo de vontades dá lugar ao contrato e que não é este qualquer pacto celebrado.

Sua natureza e conteúdo dependem da satisfação das necessidades dos homens quando, ao entrarem em relação entre si, originam acordos que produzem relações com diferentes conteúdos. Tais acordos ou convenções, ao serem regulados pelo Direito, devem ter um interesse jurídico, e só assim o Direito os separa dos demais atos, para conseguir sua regulamentação.

Alguns doutrinadores veem nesse convênio um acordo que tem por efeito um interesse jurídico, definindo o contrato como: "Um acordo de duas ou mais vontades dirigido a produzir efeitos jurídicos". Ainda assim, na doutrina se inclui o interesse jurídico, o direito obrigatório e o caráter patrimonial como elementos indispensáveis para a formação desse acordo.

Outro autor - Sánchez Román - definiu o contrato como a convenção jurídica manifestada em forma legal, em virtude da qual uma pessoa se obriga a favor de outra ou várias ao cumprimento de uma obrigação, de dar, fazer ou não fazer.

Em vários Códigos Civis se aceita que o contrato exista desde que uma ou várias pessoas consintam em obrigar-se umas em favor de outras a dar alguma coisa ou prestar algum serviço.

Em nossos dias, essas definições foram submetidas a revisão, pois o contrato pode ser dirigido não só à criação de vínculo obrigatório, senão também à modificação ou extinção do mesmo. Devemos insistir que, ainda que em todos os atos jurídicos plurilaterais haja acordos, nem sempre se podem considerar estes como contratos, pois, mais que a coincidência de interesses, as partes têm motivações diferentes que se unem ou convergem em dado momento.

Entretanto, como fonte, o contrato, ao lado da lei, é a fonte principal das obrigações e constitui um tipo específico de negócio jurídico, deduzindo- se do conceito as seguintes características:

a) ***Bilateralidade das vontades:*** referente à reciprocidade na manifestação da vontade.
b) ***Consentimento:*** perfeição ou acordo das vontades.
c) ***Conteúdo patrimonial:*** referente ao significado econômico.

Com efeito, costuma-se confundir o sentido e a natureza do contrato com o da obrigação, mas, para distingui-los, devemos observar que o primeiro é fonte da segunda, e, ainda que não seja a única fonte, pode-se dizer que é o principal. Então o contrato é a ***causa*** e a obrigação é o ***efeito***.

Certo é que a obrigação pode existir sem que exista contrato, ainda que necessariamente o contrato logre ter vida gerando obrigações. Em outras palavras, o contrato é o ato jurídico bilateral que se constitui, e a obrigação é a relação ou o vínculo unilateral ou bilateral que deriva deste. Como se observa, o caráter bilateral que possui o contrato como ato jurídico está marcado pela necessária manifestação simultânea das vontades para lograr que exista acordo ou consentimento. Dessa maneira, só o contrato se aperfeiçoa pela manifestação recíproca e simultânea das vontades que fará nascer vínculos unilaterais ou bilaterais. Como se observa, a obrigação, sendo efeito desse contrato, pode ter esse caráter: unilateral, quando se constitui um só vínculo entre um devedor e um credor; e bilateral, quando ambos, sujeitos são reciprocamente credores e devedores.

"Convenção" é uma palavra que se usa de maneira imprópria, como sinônima de "contrato", ainda que tenha um significado muito mais amplo e extenso, pois se refere a todo acordo que pode ou não gerar vínculo jurídico. Por outro lado, o pacto pode ser somente uma cláusula incluída no contrato.

Em suma, "contrato", "convenção" e "pacto" são termos distintos, embora muitos doutrinadores prefiram utilizá-los indistintamente, conformando os conceitos. A respeito, comenta José Castán Tobeñas que:

> Desde o Direito romano, a convenção ou pacto era o acordo simples de vontades que por si só não gerava ação ou vínculo obrigatório. O contrato era a convenção que, por ir acompanhada de uma forma prevista pelo Direito ou de uma causa reconhecida e idônea para fundar uma obrigação, produzia ação e vínculo obrigatório.[18]

1.3 Importância da contratação nas distintas sociedades

---

[18] Ibid., p 512.

O contrato, dissemos, é a instituição jurídica central, não só do Direito Civil, mas de todo o ordenamento jurídico existente nas diferentes sociedades e sistemas políticos.

Para a sociedade capitalista o contrato existe e ganha ainda mais força pelo chamado comércio da vida, logrado pela existência de uma economia liberal, que facilita a circulação de mercancias, considerado como um negócio jurídico entre sujeitos que se reconhecem reciprocamente como proprietários particulares, como pessoas independentes que consentem em obrigar-se a realizar prestações significativas para satisfazer suas necessidades. "A instituição jurídica do contrato é um reflexo da instituição da propriedade, pois é o veículo da circulação da riqueza".[19]

A fundamentação da existência do contrato como categoria econômica e jurídica se apóia na precisão que possuem os homens de satisfazer suas necessidades. Eles necessitam entrar em atividade laboral. Essa atividade se dirige à criação de bens materiais, o que, indubitavelmente, pressupõe o desenvolvimento econômico de uma sociedade, e ao que comumente denominamos trabalho.

O trabalho é o que encaminha o homem à apropriação necessária dos elementos e riquezas da natureza, para poder, assim, satisfazer suas necessidades. Por isso, o processo de trabalho inclui a atividade racional do homem, o objeto de trabalho, os instrumentos de trabalho e demais elementos necessários para produzir bens materiais. Tal produção é um ato social conjunto em que surgem dois tipos de relações:

a) as relações do homem com a natureza;

b) as relações entre os indivíduos no processo de produção.

A produção social se caracteriza pelo modo em que os homens produzem os bens materiais. O modo de obtenção dos meios de vida determina como se distribuem os produtos criados, como são cambiados e como se consomem. Entretanto, a produção, a distribuição, o intercâmbio e o consumo, constituem fases interconectadas de um processo reprodutivo único, e, nele, as relações entre os homens dependem das relações que existam entre os indivíduos na produção.

---

[19] RODRIGUES, Silvio. *Direito Civil.* Op. cit., p 11.

Assim, a produção social está sempre em constante movimento e desenvolvimento progressivo. A força que move esse processo caracteriza o crescimento e o desenvolvimento das forças produtivas, que originam as modificações das relações sociais de produção, e, como conhecemos, o modo de produção representa a unidade entre as forças produtivas e as relações de produção de uma etapa concreta da história.

As forças produtivas da sociedade estão conformadas pelos homens com seus conhecimentos, habilidades e hábitos de trabalho, pelos instrumentos de trabalho e os objetos que criam tudo o que em conjunto constitui os meios de produção.

O homem constitui a força produtiva principal, e, por sua vez, é o portador das relações sociais de produção, pelo que representa o sujeito ativo no movimento e evolução da produção social. Portanto, as relações de produção, as estabelecem os homens entre si dentro do processo de criação dos bens materiais, e, para produzir, os homens têm de se unir, o que significa que o trabalho de um é elemento do trabalho de todos, e que, portanto, os trabalhadores se encontram relacionados entre si por determinadas atividades laborais, onde, naturalmente, se manifesta o caráter jurídico contratual e, por conseguinte, as obrigações jurídicas que desses contratos se geram.

À produção social se segue o processo de distribuição, que é determinado por esta, quer dizer, o modo de distribuição dos produtos depende do modo de produção e está dirigido a satisfazer às necessidades sociais.

O intercâmbio dos resultados do trabalho inclui as atividades e os produtos de trabalho (bens e serviços). Esse intercâmbio toma forma de câmbio de mercancias e supõe a chegada dos produtos ao consumo, através do mercado, por meio dos diversos contratos civis (compra e venda, permuta, contratos de serviços, etc.).

Dessa maneira, a produção existe e se desenvolve em virtude do que é necessário satisfazer as necessidades sociais. Estas se dividem em materiais e espirituais. As primeiras supõem a distribuição de produtos destinados à alimentação e consumo de bens materiais. A segunda, a distribuição de obras de arte, discos musicais, livros, etc. Então, o movimento dos bens materiais está unido à sua produção, distribuição, intercâmbio e consumo que representam as fases do movimento do produto social. O produto se fabrica e logo se distribui para seu consumo.

É por isso que as relações de produção constituem a forma social do movimento dos bens materiais que representam o conteúdo mesmo da propriedade como relação entre os homens na apropriação de tais bens, quer dizer, o modo e a forma por que homens se apropriam do que foi criado. Essas formas de apropriação sempre têm uma expressão jurídica que tem como fundamento um processo socioeconômico dentro do qual os homens dispõem sobre os bens.

Assim, a verdadeira causa das relações contratuais se localiza nas relações socioeconômicas que são reconhecidas e protegidas pelo Direito e que se vinculam juridicamente pelas consequências que o mesmo outorga a determinados atos ou negócios jurídicos, os quais coincidem com as situações, hipóteses e regras que se estabelecem na lei. "Como se vê, o contrato, em seus diferentes tipos, é instrumento jurídico que exerce função econômica específica, com o intuito de atingir fins ditados pelos interesses patrimoniais dos contratantes".[20]

As relações socioeconômicas, já explicadas, constituem relações de supraestrutura, reguladas pelas normas de Direito. Estas se estabelecem depois de passar pela consciência dos homens, pelo que, sem a existência da consciência jurídica, não poderão estabelecer determinadas relações jurídicas, pois as idéias, conceitos e teorias jurídicas servem de guia para a orientação dos homens no campo do Direito.

Portanto, repetimos, as verdadeiras fontes das relações jurídicas (das obrigações e contratos) são os reflexos das relações sociais e econômicas que se formam em torno das relações de produção, distribuição, intercâmbio e consumo de qualquer sociedade, as quais sintam a necessidade do surgimento das normas jurídicas.

Toda essa teoria demonstra que a unidade dialética que existe entre as relações socioeconômicas e as normas contratuais reside nas mudanças que resultam umas para as outras, e, ao dizer quando mudam as relações socioeconômicas, também mudam as relações

---

[20] DINIZ, Maria Helena. *Curso de Direito Civil Brasileiro. Teoria das Obrigações contratuais e extracontratuais*. 4. ed. São Paulo: Saraiva, Vol 3, 1986, p 23.

jurídicas (o direito), e, dentro destas, o conteúdo e a essência das obrigações e dos contratos como instituições jurídicas civis.

Por isso, as relações jurídicas são um resultado específico e uma via de influência das normas jurídicas sobre as relações sociais reguladas por elas. As relações jurídicas se diferenciam das demais relações volitivas pela existência de sujeitos concretos que possuem direitos e deveres, previstos de maneira geral nas normas de Direito.

Muitas das relações contratuais que se estabelecem têm grande importância econômica e social, pois contribuem para satisfazer as necessidades da população, tais como: os contratos de serviços executados por entidades estatais e por particulares autorizadas por elas.

O caráter dessa categoria jurídica (contrato) é essencialmente científico, e, como já dizíamos, explica as relações socioeconômicas que se estabelecem entre os homens. Assim, seu conteúdo precisa de um conjunto de relações sociais em qualquer sociedade, dentro das quais se destacam as relações materiais.

As legislações estabelecem para a sua aplicação determinadas regras, e as projetam como teoria da relação jurídica, do ato jurídico, ou dos contratos, criando, por sua vez, um método que, de maneira independente, explica seu conceito, fontes, natureza, garantias do cumprimento e extinção das obrigações.

O conteúdo da relação jurídica contratual há de estar concernente a um patrimônio. No entanto, a natureza da relação jurídica contratual sempre será patrimonial.

Para o caso da relação jurídica contratual, diz-se que é esta a causa mais importante que gera obrigações, e é no contrato onde se revela a vontade coincidente de sujeitos que participam voluntariamente em tal relação jurídica, com o que se produz o efeito de criação, resguardo, modificação, transferência ou extinção de relações jurídicas, e, para que isso se produza, é necessário que o alcance, conteúdo e efeito da mesma, consista em uma obrigação de dar, fazer ou não fazer algo.

O fundamento de validade do contrato está baseado no ordenamento jurídico, e representa este (o contrato) um instrumento que facilita a circulação dos bens sobre os quais recaem sua realização e sua utilidade social.

1.3.1 O Contrato e seu papel na vida socioeconômica

Já explicamos que a categoria contrato representa o acordo de vontades concretizado entre sujeitos, dirigido a criar, resguardar, modificar, transferir ou extinguir uma relação jurídica, a qual há de ter um conteúdo patrimonial. Sendo assim, o contrato é o ato jurídico bilateral que se considera como a fonte mais difundida das obrigações, já que reflete o intercâmbio de mercancias, no qual terá lugar a transmissão dos direitos e das obrigações.

Entretanto, as obrigações que nascem dos contratos têm caráter voluntário. Estas marcam sua essência e as características que as distinguem das demais causas que geram obrigações, quer dizer, das demais fontes das obrigações.

O contrato como categoria jurídica representa a forma do intercâmbio de bens e serviços. Está bem fundamentado que o possuidor de uma mercancia só pode apoderar-se de outros bens pela vontade do possuidor ou proprietário destes, desprendendo-se da sua, quer dizer, por meio de um ato de vontade comum. É necessário, por conseguinte, que ambos os sujeitos se reconheçam como proprietários. Essa relação jurídica que tem por forma de expressão o contrato marca um vínculo voluntário no qual se reflete a mesma relação jurídica.

Por isso, mediante o contrato, pode-se gerar relações jurídicas, pelas quais os homens se reconhecem entre si como proprietários, possuidores ou como simples credores de determinados direitos ou serviços. Com ele se materializa a transmissão da propriedade, da posse e do usufruto dos bens de uma pessoa a outra.

Para as relações monetário-mercantis, o contrato constitui a forma mais representativa do surgimento das obrigações e o meio através do qual se transmite a mercancia do produtor ao consumidor, do proprietário ao proprietário ou ao possuidor, materializando-se esse intercâmbio econômico no Direito. Tais relações econômicas se estabelecem igualmente para obter os serviços em geral. Por isso, se utiliza o contrato com maior amplitude em todas as esferas da vida socioeconômica.

Em nosso Direito Civil estabelecem-se complexas regras que compõem o regime das obrigações e dos contratos como instituições civis. Essas regras estão sujeitas a determinadas mudanças que, forçosamente, devem estar no mesmo nível de desenvolvimento da ciência e da técnica, e representa um instrumento ou meio de relação, já que, na ordem social, o homem necessariamente satisfaz suas necessidades mediante a produção e, intercâmbio de bens e serviços para o consumo.

Certamente as obrigações e os contratos civis são reflexos dessa atividade de intercâmbio, com a qual pode medir a circulação dos bens (as relações monetário-mercantis).

As relações contratuais são objetivas por estarem presentes no atuar diário de cada cidadão, e por terem um reflexo subjetivo ao expressar-se em uma ou outra forma jurídica. Por isso, a utilização da categoria contrato não se limita à esfera da economia, senão que se estende a outros ramos do Direito, especialmente ao Direito Trabalhista, Direito Comercial, ao Direito de Autor, Direito do Consumidor, etc.

Nas legislações civis, especialmente nos Códigos Civis, foi dado tratamento específico às instituições, obrigações e contratos, e dessa maneira se lhes atribui um respaldo jurídico, por meio de normas ou regras que lhes dão nome em cada caso, com as quais se instrumentalizam as obrigações e as garantias jurídicas.

Capítulo 2
Historicidade do Contrato

Quando explicamos a evolução da humanidade, sempre se considera que as primeiras manifestações de intercâmbio que existiram entre os homens foram localizadas na Comunidade Primitiva. Essas relações, ainda que não jurídicas, possibilitavam a satisfação das necessidades do homem primitivo. O contrato como instituição jurídica só poderia surgir com o surgimento do Direito, dentro de uma sociedade dividida em classes sociais.

A sociedade romana (sociedade modelo) era representativa desse Direito Primitivo carregado de formalidades. Os contratos, por exemplo, tal como afirma Venosa: "[...] como todos os atos jurídicos, tinham caráter rigoroso e sacramental"[21], o que mais tarde sofreu forçadamente mudanças, originadas pelo desenvolvimento e evolução das relações sociais.

Para os romanos, "contrato teria sido o acordo de vontades do qual derivavam direitos e obrigações protegidos por ações civis. Distinguiam *contractus* de *pactum*. O contrato consistia em relação jurídica constituída por obrigações exigíveis mediante ações civis, enquanto o pacto era protegido, apenas, por uma *exceptio*"[22]. Convenção e pacto eram conceitos equivalentes e significavam o acordo de duas ou mais pessoas a respeito de um objeto determinado. Porém, o simples acordo, convenção ou pacto não bastavam para criar uma obrigação juridicamente exigível. O simples pacto não criava a obrigação. Essa noção, que vem do direito clássico, atinge a época de Justiniano. Para que se criasse uma obrigação, havia necessidade de certas formas que se exteriorizassem à vista dos interessados. A solenidade dava força às convenções. Cada uma dessas convenções, sob certas formalidades, constituía um *contractus*. Não conhecia, portanto, o Direito Romano uma categoria geral de contrato, mas somente alguns contratos em particular.[23]

---

[21] SALVO Venosa, Silvio de. *Teoria Geral dos Contratos*. 3. ed. São Paulo: Atlas, 1997, p 18.
[22] GOMES, Orlando. *Contratos*. Op. cit., p 21.
[23] SALVO Venosa, Sílvio de. *Teoria Geral dos Contratos*. Op. cit., p 18.

No final da República e princípios do Império, foi reconhecida a existência dos contratos consensuais, os quais se constituíam pela simples vontade das partes. Essas mudanças foram geradas pelo notável desenvolvimento econômico de Roma, no qual se destacou a transformação da agricultura e da economia limitada, no grande império conquistador, que construía e também transformava o regime de escravidão em uma sociedade que já possuía elementos do mercantilismo.

Já se verificou que, no final da República, o regime contratual havia adquirido em Roma grande relevância, e que existiam quatro classes de obrigações nascidas dos contratos, pois a obrigação se assumia por meio da coisa, das palavras ou do consentimento. Por essas circunstâncias, nascia em Roma a seguinte classificação:

a. Contratos reais: tais como os que para seu aperfeiçoamento necessitavam da entrega de uma coisa (*res*).

b. Contratos verbais: os que se formalizavam mediante o pronunciamento de palavras solenes.

c. Contratos literais: os que exigiam o uso da palavra escrita.

d. Contratos consensuais: os que se aperfeiçoavam pelo consentimento das partes, sem formalidades ou exigências externas.

Os principais contratos reais regulados pelo Direito Romano foram o mútuo, o comodato, o depósito e o penhor.

Dos contratos reais, o mais antigo era o mútuo. Na realidade, era um contrato unilateral, de direito estrito e principal, pelo qual uma pessoa, chamada mutuante, entregava a coisa fungível a outra, chamada mutuaria, transmitindo-lhe a propriedade, nascendo daí a obrigação da devolução de igual quantidade da coisa da mesma espécie e qualidade.

Inicialmente, o mútuo era um simples empréstimo de consumo, sem interesse lucrativo do credor. Entretanto, mais tarde, com o desenvolvimento das atividades mercantis, impôs-se a prática de exigir juros nesses contratos.

O comodato era um contrato real, de *bona fidei*, bilateral imperfeito, principal e gratuito, pelo qual uma pessoa, chamada "comodante" entregava a outra, denominada "comodatário", o uso de uma coisa específica (infungível) para sua posterior devolução.

O depósito era um contrato real, de *bona fidei*, bilateral e imperfeito, principal e gratuito para o qual uma pessoa, chamada "depositante", entregava a outra, chamada "depositária", uma coisa para que a conservasse e a devolvesse em seu estado inicial. Esse contrato era semelhante ao comodato, mas com a diferença fundamental de que não constituía um contrato de empréstimo de uso, somente de depósito e guarda, porque ao depositário era proibido usar a coisa depositada.

O penhor ou *pignus* era um contrato real, de *bona fidei*, bilateral e imperfeito, e acessório, pelo qual uma pessoa, que poderia ser o devedor da obrigação principal ou um terceiro, entregava ao credor da obrigação principal uma coisa como garantia de cumprimento da obrigação, coisa essa a ser devolvida no adimplemento.

Por outro lado, os contratos verbais, próprios dos primeiros momentos do desenvolvimento econômicos de Roma, ainda sentiam o efeito da preponderância de uma economia doméstica. Eram contratos em que as formalidades tinham o peso fundamental em seu aperfeiçoamento.

O *nexum* era um dos contratos que surgiam, possivelmente no primeiro momento da República, e, talvez, no final da Monarquia. Por meio dele, uma parte era forçada a devolver à outra, certo valor que recebeu como empréstimo, garantindo a obrigação com sua própria pessoa.

Os efeitos do *nexum* eram primitivos e brutais: se o devedor não cumprisse sua obrigação (como se estabelecia na Lei das XII Tábuas), poderia ser capturado pelo credor e depois de 60 dias, sem que ninguém tivesse cumprido ou garantido a obrigação em seu lugar, poderia ser vendido como escravo. Mais tarde, esse contrato se tornou impróprio, a partir da promulgação da Lei "*Poetelia Papiria*", do ano 326 a.C., que proibiu a escravidão por dívidas.

O *stipulatio* era um contrato verbal, formal, de *stricti iuris*, unilateral e principal, que se formalizava mediante uma pergunta do credor e a resposta do devedor, pelo qual se obrigava ao cumprimento.

Os chamados contratos literais correspondiam a uma fase superior de desenvolvimento da vida, tanto jurídica como comercial de Roma, em que se iam desenvolvendo as idéias dirigidas a obter melhor prova da convenção e maior agilidade, sem as limitações que supunham os contratos verbais. Esses contratos se constituíam utilizando um documento escrito como exigência fundamental. Os principais contratos literais que se conheceram no Direito Romano foram: o *expensilatio* (que deu origem à forma retromencionada de contratação), o *chirographum* e o *syngrapha.*

O *expensilatio,* como contrato literal, formal, de *stricti iuris*, unilateral e principal, consistiu em um assento fictício feito pelo credor. O *chirographum* era um compromisso por escrito, do devedor, de pagar certa quantidade determinada por ambas as partes, e o *syngrapha,* sendo semelhante ao anterior, necessitava da intervenção de ambas as partes, credor e devedor, nos quais estampavam seus selos conjuntamente e conservavam cada qual uma cópia do documento.

Os contratos consensuais corresponderam ao momento de maior florescimento e auge das relações comerciais em Roma. Nesses contratos, já se disse, a prática se despojava de formalidades externas predominantes em todas as anteriores formas contratuais, e se situava como fator decisivo da configuração do ato contratual o consentimento, quer dizer, o aperfeiçoamento ou acordo de vontades. Os principais contratos consensuais no Direito Romano foram: a compra e venda, o arrendamento, a sociedade e o mandato. "Além dos contratos nominados, admitia o Direito Romano os contratos inominados, assim chamados por não terem designação própria. Compreendiam quatro grupos: *do ut des*; *do ut facias; facio ut des; facio ut facias*".[24]

Por outro lado, a atividade contratual na sociedade feudal foi muito controvertida, e as raízes foram procuradas na fase da decadência do Império Romano, originando-se novas relações socioeconômicas e políticas.

---

[24] GOMES, Orlando. *Contratos*. Op. cit., p 21.

No feudalismo, as relações de produção se estabeleciam fundamentalmente ao redor da terra, porque a economia se transformou de urbana em agrícola, estabelecendo-se vínculos pessoais entre os vassalos e os suseranos, laços de dependência relacionados com a terra.

A relação feudo-vassala, base do sistema feudal, sustentava-se no contrato de recomendação, tipo de contrato que podia criar diversas relações de subordinação. Era um contrato formal, solene, originalmente oral e mais tarde escrito, sinalagmático, pelo qual alguém ficava sob a dependência de outro, que, por sua vez, contraía determinadas obrigações em nome daquele (denominado encomendador).

O contrato continuou sendo desenvolvido e sendo aperfeiçoado na medida do progresso, e do desenvolvimento econômico e social. Com o desenvolvimento das relações econômicas foi necessária a eliminação da rigidez que o silêncio de sistema feudal impôs.

A moderna concepção do contrato como acordo de vontades por meio do qual as pessoas formam um vínculo jurídico a que se prendem se esclarece à luz da ideologia individualista dominante na época de sua cristalização e do processo econômico de consolidação do regime capitalista de produção.[25]

Antes que fossem universalizadas as relações de produção burguesa, já havia surgido a invenção da escritura e o uso da moeda corrente, ainda que na sociedade escravizada tenha isso influenciado na forma e no conteúdo da contratação. A escritura dava estabilidade, a moeda corrente facilitou as mudanças e as novas relações contratuais.

A burguesia nascente, a partir do século XII, com a atividade comercial na Itália, e depois em toda a Europa, revitalizou a instituição do contrato, o que desenvolveu as relações monetário-mercantis, fundamentando o contrato no princípio individualista da "autonomia das vontades".

Hoje em dia a contratação vai tomando novos contornos, dirigindo-se às relações de consumo, formando um novo e importante ramo do Direito (Direito do Consumidor), já que, como afirma Venosa, "o contrato privado ocupa parcela muito pequena do mundo negocial, pois a atual dinâmica social relega a plano secundário esse contrato. Cada vez mais raramente

---

[25] Ibid., p 6.

se contrata com uma pessoa física. A pessoa jurídica, a empresa, os grandes detentores do capital, enfim, e o próprio Estado são os que fornecem os bens e serviços para o consumidor final. Os contratos são negócios de massa. O mesmo contrato, com as mesmas cláusulas, é imposto a um número indeterminado de pessoas que necessitam de certos bens ou serviços. Não há outra solução para a economia de massa e a sociedade de consumo".[26]

[26] SALVO Venosa, Sílvio de. *Teoria Geral dos Contratos*. Op. cit., p 19.

Capítulo 3
Teoria dos Elementos do Contrato

O contrato, como qualquer ato jurídico, possui certa estrutura que é conformada por meio de determinados elementos, considerados, com rigor, como essenciais para sua existência e validade.

Os elementos do contrato normalmente se dividem em três grupos: essenciais, naturais e acidentais, sendo os primeiros indispensáveis à existência da relação jurídica.

3.1 Elementos essenciais

Os elementos essenciais são os fundamentais à existência do contrato. Desse modo, para seu devido estudo, foram subdivididos em comuns, especiais e especialíssimos, ressaltando entre eles o seguinte:

a) o consentimento emitido por agente capaz;

b) o objeto lícito, determinado ou determinável;

c) a causa;

d) a forma.

Em essência, por ser o contrato uma figura típica de negócio jurídico, é constituído pela concorrência dos elementos mencionados, que, a seguir, serão estudados separadamente, e cuja importância, entre outras coisas, manifesta-se pelos efeitos ou consequências que se produzem pela falta eventual de alguns deles.

3.1.1 O consentimento

O consentimento é um elemento essencial, comum e extremamente necessário à existência do contrato. Muitos autores reconheceram que o consentimento é o "elemento necessário para a existência e para a validade do contrato", pois este, como ato jurídico bilateral, não prescinde de uma perfeição evidente que marca a vida jurídica da nova relação. Por isso, afirmaram alguns tratadistas que o consentimento constitui a alma ou a razão do contrato.

Com efeito, "no contrato, porém, dado seu caráter sinalagmático, é mister a existência da manifestação coincidente da vontade de duas ou mais partes. Em regra, apresentam-se dois contratantes, com interesses opostos, que através da convenção se compõem. Por vezes, contudo, nas posições antagônicas encontram-se mais de duas pessoas, como na hipótese de serem vários os vendedores e vários os compradores".[27]

O contrato é uma convenção geradora de obrigações, porque tem como efeito criar, resguardar, modificar, transferir e extinguir relações jurídicas. "Logo, não é com o mero consentimento unilateral de uma das partes que surge o contrato perfeito e acabado. É indispensável o encontro de vontades que tendem ao mesmo fim. É necessário que as vontades de duas ou mais pessoas, isoladas, sejam convergentes e se encontrem para, com uma conciliação de interesses, poderem atingir o objetivo a que se propõem"[28]. Aqui se acentua o acordo das vontades de várias pessoas sobre certo objeto, quer dizer, uma manifestação comum de vontades destinada a criar relações jurídicas obrigatórias que recaem no conteúdo de: dar, fazer ou não fazer alguma coisa. Por tudo isso, é considerado o consentimento um acordo indispensável de vontades para a constituição dessas relações jurídicas.

Na teoria do consentimento, dada sua natureza, reconhece-se a imprescindível existência de uma oferta e uma aceitação. Porém, isso não é suficiente à obtenção do acordo

---

[27] RODRIGUES, Silvio. *Direito Civil. Dos contratos e das declarações unilaterais de vontade.* 21. ed. atualizada. São Paulo: Saraiva, Vol. 3,1993, p 14.

[28] DINIZ, Maria Helena. *Curso de Direito Civil Brasileiro. Teoria das Obrigações contratuais e extracontratuais*". 4. ed. São Paulo: Saraiva, 1986, p 34.

de vontade, já que a mera manifestação desta não gera consentimento. Mister se faz a convergência de ambas as vontades contratuais.

Para que exista consentimento, é necessária a presença de uma vontade manifestada, chamada oferta, e de outra, chamada aceitação, que se incorpora em conformidade com aquela, sendo que tudo isso gera o aperfeiçoamento ou acordo de vontades, ou seja, quando os interesses convergem em um ponto que faz nascer nos sujeitos o interesse de contratar.

Como veremos adiante, todo o processo de geração ou formação do contrato em definitivo explica aquele momento: "o aperfeiçoamento do contrato", que só vai ter lugar com o consentimento das partes.

3.1.1.1 Requisitos do consentimento

Para que o consentimento exista e seja válido, é preciso a existência de uma pluralidade de sujeitos, quer dizer, da manifestação oportuna e não viciada de vontades simultâneas, emitida por pessoas capazes e conscientes. "A capacidade de fato dos contratantes é condição imprescindível para a eficácia do contrato, importando a incapacidade relativa em anulabilidade do ato e a incapacidade absoluta em nulidade do mesmo".[29]

Como afirma Orlando Gomes, "no exame dos elementos constitutivos dos contratos, o consentimento apresenta-se como requisito típico, conquanto exigido, igualmente, na formação dos outros negócios jurídicos bilaterais. No contrato, porém, singulariza-se pela circunstância de que as vontades que o formam correspondem a interesses contrapostos".[30]

Para que exista essa coincidência de vontades, também deve existir acordo entre a vontade interna e externa do sujeito, que oferece e que aceita, porque o consentimento deve ser apresentado com conhecimento e liberdade. Isso deve estar claro, intencional e deliberado sobre o objeto e demais condições do contrato, sob pena de apresentar-se o ato jurídico viciado.

---

[29] WALD, Arnoldo. *Obrigações e Contratos*. 12. ed. São Paulo: Revista dos Tribunais, 1995, p 171.
[30] GOMES, Orlando. *Contratos*. 17. ed. Rio de Janeiro: Forense, 1997, p 8.

Nesse diapasão, obtempera Maria Helena Diniz: “para que o consentimento validamente exista, é indispensável a presença da vontade e que esta haja funcionado normalmente. Só então o negócio produzirá os efeitos colimados pelas partes. Se, entretanto, existir a vontade, porém sem correspondência com aquela que o agente quer exteriorizar, o negócio jurídico será viciado ou deturpado, tornando-se anulável [...]”.[31]

Em suma, para que seja válido o consentimento, é preciso, em primeiro lugar, que coincidam duas ou mais vontades, emanadas de pessoas juridicamente capazes, que manifestem com segurança e seriedade a intenção de contratar. Em segundo lugar, que uma vontade seja dirigida pelo proponente a outra pessoa, portadora de outra vontade, com aquela sintonizada, e, em terceiro lugar, que coincida a intenção interior e real com a manifestação volitiva exteriorizada, excluindo-se os vícios do consentimento.

3.1.2 O objeto

O objeto como elemento essencial do contrato é representado como o fim prático ou propósito que é alcançado com a relação jurídica, a "causa final", que deverá ser determinado (ou determinável), possível e lícito.

Como termo jurídico, é considerado o objeto como o tema de conhecimento ou sensibilidade do sujeito, sendo elemento do direito, ou seja, todo elemento com realidade efetiva em direito, sobre o qual recai imediatamente uma relação jurídica.

Em alguns textos jurídicos, assinala-se que podem ser objeto de uma relação jurídica as coisas e os atos humanos, chamados também de prestações, que, em seu conjunto, representam um benefício patrimonial ou extrapatrimonial. Desse modo, em muitas legislações, confunde-se o objeto com as coisas, e os bens com as prestações.

Em nosso critério, o objeto há de representar o propósito da relação jurídica de obrigações ou de crédito em geral, pois as coisas ou os serviços podem perecer, deixar de existir ou tornar-se impossíveis, subsistindo, no entanto, a relação jurídica em questão.

---

[31] DINIZ, Maria Helena. *Tratado Teorico e Prático dos Contratos*. Op. cit., p 15.

Existe uma consideração importante acerca do objeto, com a qual se identificam as coisas (bens) e os serviços com o objeto mediato, e a prestação e seu conteúdo com o objeto imediato. De toda forma, pensamos que podem ambos (objeto mediato e imediato) ser resumidos como o fim desejado com o estabelecimento da relação jurídica.

3.1.3 A causa

A causa é a razão decisiva, intrínseca da obrigação assumida pelas partes contratantes. A primeira dificuldade a vencer - diz Orlado Gomes- é:

> [...] a confusão entre causa da obrigação e causa do contrato. A corrente objetivista concorreu, todavia, para tornar mais inteligível a distinção ao esclarecer que a noção de causa é a função econômico-social do contrato. Pelo segundo, o resultado jurídico objetivo que os contratantes visam a obter quando o estipulam. Pelo terceiro, a razão determinante da ação que move as partes a celebrar determinado contrato. Identifica-se a causa, igualmente, como a unidade teleológica das prestações, isto é, como o reflexo dos interesses que as partes querem satisfazer ou como síntese dos efeitos essenciais do contrato e determinação do seu conteúdo mínimo.[32]

Regularmente a palavra “causa” significa origem, princípio, fundamento, argumento, gênese, fonte, base ou motivo. Legalmente, entender-se-á como razão ou "causa antecedente" que origina um efeito jurídico.

Então, o termo é aplicado aos atos jurídicos, considerando sê-o como um elemento essencial destes, constituindo a razão ou “motivo antecedente” que têm os sujeitos que celebram um ato jurídico, isto é, o contrato, “como função econômico-social do contrato”. Em tal sentido, presume-se sempre a existência de uma causa verdadeira e lícita que inspira o negócio jurídico. Em suma, as obrigações contratuais podem ser reputadas como “o motivo típico ou antecedente principal” do ato jurídico, “mas esse fim não é o que cada contratante tem em vista pessoalmente quando contrata. Pouco importa que o motivo determinante da conduta de quem emprestou a outrem determinada quantia, seja o de ajudá-la ou de tirar proveito lícito. A razão que o levou a emprestar, o móvel de sua ação, não se projeta de sua mente no campo jurídico. O que tem relevância para o Direito é o fim imediato, o motivo típico do contrato. Se alguém utiliza um contrato para alcançar fim que não pode ser conseguido por seu intermédio, ou para obter fim ilícito, diz-se que esse contrato é nulo por ter falsa causa ou causa ilícita”.[33]

---

[32] GOMES, Orlando. *Contrato*. 17. ed. Rio de Janeiro: Forense, 1997, p 54.
[33] Ibid., p 55.

Assim, por exemplo, uma causa ilícita (fim imediato) gera consequências (objeto - finalidade prática ou fim mediato) também ilícitas. Em outras palavras, a causa ilícita contamina a licitude do objeto.

3.1.4 A forma dos contratos

Geralmente assim se denomina a fórmula ou o modo de procedimento, o método, conduta, exigências externas ou aspectos de expressão nos atos jurídicos, quer dizer, o modo de proceder na concepção de um ato ou contrato.

A forma, estando presente, ou sendo exigida, se converte em um elemento essencial de toda relação jurídica. De qualquer maneira, existe um princípio geral que declara que: "qualquer que seja a forma em que os contratos se tenham celebrado, estes são obrigatórios, se neles se cumprem as condições que a Lei estabelece para sua validade". Entretanto, "atualmente, não há rigorismo de forma, pois a simples declaração volitiva tem o condão de estabelecer o liame obrigacional entre os contraentes, gerando efeitos jurídicos independentemente da forma de que se revista, seja ela oral ou escrita"[34]. A eficácia do contrato não só depende de sua forma extrínseca, senão dos requisitos e consentimento não viciado dos contratantes, objeto certo e lícito, que seja matéria do contrato, causa verdadeira e lícita. Por outro lado, se a lei exige a outorga de escritura ou outra forma especial para fazer efetivas as obrigações próprias de dado contrato, a forma também será considerada um elemento essencial. Desse modo, as partes poderão compelir-se reciprocamente a cumprir alguma forma, desde que exista consentimento e outras exigências necessárias à validade do contrato.

A doutrina considera que os atos jurídicos expressos podem realizar-se oralmente ou por escrito. Os atos jurídicos tácitos ou realizados por sujeitos que padeçam de alguma limitação física que lhes impeça de manifestar sua vontade oralmente ou por escrito podem exteriorizar-se de qualquer outro modo compreensível, diretamente ou mediante intérprete.

As legislações civis, como o caso da brasileira (art. 129 e seguintes do Código Civil), não determinam formas especiais para a realização dos atos jurídicos, salvo casos especiais

---

[34] DINIZ, Maria Helena. *Tratado Teórico e Prático dos Contratos*. Op. cit., p 54.

expressamente previstos por elas. Nesse particular, o Código Civil de Cuba aconselha devam constar por escrito aqueles atos realizados por pessoas jurídicas, atos cujo objeto tenha valor superior a 500 pesos ou outros que disponha a Lei (art. 51). "Embora não exigida para a maioria dos contratos, a forma escrita é preferida. Sua superioridade sobre a forma verbal é manifesta, principalmente, no que diz respeito à prova do contrato. Ordinariamente, os contratos celebram-se por instrumento particular. Para valer, é preciso que seja assinado por pessoa que esteja na disposição e administração livre de seus bens, sendo necessário, ainda, que seja subscrito por duas testemunhas".[35]

Por essas diretrizes, existem contratos que têm por objeto a transmissão de direitos reais sobre bens imóveis. Essas relações jurídicas se regem por disposições especiais, nesse caso o art. 134, II do CCB, considerando-se, desse modo, nula a transmissão sem a existência das formalidades previstas em tal disposição legal (escritura pública).

Tudo isso vai ter repercussão no tocante à interpretação dos contratos (e dos atos jurídicos em geral), na medida em que se orienta o exegeta a levar mais em consideração a intenção da vontade declarada do que propriamente o sentido literal da linguagem (arts. 85 do Código Civil brasileiro e 52 do Código Civil cubano).

Como se pode ver, como elemento essencial, a forma constitui toda a composição possível de uma relação jurídica, determinada por acordo das partes ou pelo estabelecimento específico da própria Lei. Converte-se em elemento essencial, quando normalmente é, de alguma maneira, exigida.

As formalidades constituir-se-ão, então, em exigências a serem observadas e cumpridas no momento da execução ou consumação do contrato.

Há formalidades essenciais à validade do ato e outras que não o são. São essenciais aquelas determinadas por Lei, de modo que sua omissão produz nulidade. As formalidades que não são essenciais para a validade de um ato são aquelas cuja omissão não produz nulidade.

---

[35] GOMES, Orlando. *Contratos*. 17. ed. Rio de Janeiro: Forense, 1997, p 54.

Muitas legislações deram preponderância ao formalismo no negócio jurídico, preferindo os atos de maior importância econômica. Essa classe de atos encontrava proteção nas legislações, para garantir a livre manifestação da vontade e a segurança da prova.

Hoje em dia, tal situação se alterou, porque as necessidades crescentes do comércio criaram formas de transação mais rápidas e viáveis.

Diz-se que entre os romanos os procedimentos de vinculação jurídica obrigacional entre duas pessoas se revestiam de inúmeras solenidades e que, sem embargo, a forma escrita teve escassa transcendência até o final da República, predominando a forma oral nos tempos primitivos.

A documentação pública começa três séculos depois de nossa era, por declarações em protocolos de funções públicas investidas de fé notarial.

No direito moderno, é admitida a liberdade de forma. Mas também é necessário reconhecer que se possa exigir certa forma imposta pela lei às partes, fora do que o contrato não será válido.

A forma pode ser possível por acordo das partes ou pela lei, constituindo-se como exigência *sine qua non* para a existência do contrato ou para afetar terceiras pessoas.

De acordo com a doutrina jurídica, a liberdade de forma é a regra geral para a qual se estabelecem quatro classes de preceitos formais:

1. A forma escrita.
2. A intervenção judicial ou a autorização notarial equivalente.
3. O reconhecimento de firma.
4. Um ato da autoridade.

De qualquer maneira, como todo contrato se apóia em uma declaração ou manifestação de vontade, necessita de alguma forma que conduza à exteriorização desta.

Por isso, os sujeitos na relação jurídica hão de decidir a partir de duas soluções:

a) se poderão eleger livremente a forma de manifestar a vontade (contrato não solene);

b) se existe uma forma estabelecida no ordenamento jurídico que os sujeitos devam considerar (contratos formais ou solenes).

A forma preestabelecida tem certas vantagens, porque com ela se protegem os sujeitos contra os atos que lhes podem trazer consequências graves e prejudiciais, e se dá, sobretudo, com ela, firmeza ao contrato. Garante-se, também, com ela, a constância e a prova do ato, facilitando e assegurando a publicidade das relações jurídicas e a consequente proteção contra terceiros, aumentando-se, ainda, a capacidade circulatória de certos direitos de crédito.

Alguns autores, ao explicar a evolução do Direito, destacam a passagem do formalismo para o consensualismo, como resultado do avanço ou progresso, ou talvez para o desenvolvimento ou mudanças econômicas. Certo é que, na atualidade, os negócios jurídicos e especialmente os contratos têm um princípio de validade pela sua simples manifestação da vontade, sem necessidade de recorrer a formalidades predeterminadas. Só por exceção, quando a lei exige uma forma especial, derroga-se a regra geral.

No Direito contemporâneo, sustenta-se que, por motivo de segurança, como também para evitar controvérsias frequentes, exige-se a escritura pública para a validade de certos contratos (de relevância econômica), cuja natureza refere-se à transmissão e constituição de certos direitos.

Por essas razões, muitas legislações reconhecem os contratos como atos consensuais, estabelecendo-se que o consentimento é razão suficiente para a sua existência e perfeição.

Como se pode compreender, a característica fundamental do formalismo consiste em que, pela necessidade jurídica do ato ou contrato, se exijam determinadas formas, sem as quais seriam inexistentes. O formalismo, desse modo, equivale à solenidade que em direito se exige para certos atos em que a forma lhes dá vida jurídica.

Sem embargo, no formalismo moderno já não se requerem, como no formalismo primitivo, os ritos ou palavras especiais para a celebração de certos atos ou contratos, pois fundamentalmente a forma se refere agora, quase sempre, à expressão escrita da vontade, seja em documento privado ou público.

Em muitos casos na lei se estabelece a forma escrita, não como elemento de validade do consentimento, mas simplesmente como elemento de prova. Em outros casos, as partes podem invocar a ação de nulidade, ou pelo menos exigir o cumprimento dessas formalidades.

Depois de examinar as regras de alguns códigos civis, pode-se entender que a forma escrita não é condição essencial de validade do contrato, pois as partes contratantes podem compelir-se reciprocamente ao cumprimento desse requisito, desde que tenha intervindo o consentimento.

3.2 Os elementos naturais

Os elementos naturais são os que, ainda que não sejam essenciais ao ato jurídico, se os têm por incorporados à relação jurídica, pela vontade, pela lei, ou porque a própria natureza jurídica do ato os reconheça.

Dizem-se naturais os elementos que "têm efeitos decorrentes do negócio jurídico, sem que seja necessária qualquer menção expressa, pois a própria norma jurídica já lhe determina quais são essas consequências jurídicas. São os efeitos oriundos do contrato determinados pela própria norma jurídica".[36]

Esses elementos não são considerados indispensáveis para a existência do negócio jurídico, por ter este vida jurídica e estrutura própria e independente, e por serem eles inerentes a determinados atos ou contratos em particular.

Para alguns atos jurídicos se destacam alguns exemplos concretos de elementos naturais:

- a faculdade que tem o testador de revogar o testamento, enquanto vivo;
- a obrigação de conservar a coisa em bom estado, no contrato de mandato;
- a impossibilidade de usar e desfrutar os bens no depósito, por parte do depositário;

---

[36] DINIZ, Maria Helena. *Tratado Teórico e Prático dos Contratos*. Op. cit., p 51.

- as considerações sobre o saneamento por evicção ou por vícios ocultos para os contratos translativos do direito da propriedade, etc.

Esses elementos são certamente característicos de cada ato ou contrato, enquanto não exista disposição legal ou voluntária em contrário.

Os elementos em questão são aqueles que acompanham normalmente o contrato e que aparecem como desprendidos de sua índole particular. Por essa razão, mais que elementos constitutivos do negócio, são consequências que o ato está destinado a produzir. Quer dizer, não atuam sobre o nascimento do contrato, senão sobre seu conteúdo e efeitos. Neles, em ocasiões, pode atuar a vontade das partes, por ela podendo ser excluídos.

3.3 Elementos acidentais

Os elementos acidentais só existem quando os sujeitos os agregam expressamente ao ato, para limitar ou modificar seus efeitos normais. Estes se referem à ***condição*** - é uma determinação do momento em que o contrato deve começar a produzir efeitos ou devem extinguir-se esses, dependendo de um acontecimento futuro e incerto; ao ***termo*** - determinação do momento em que o contrato deve começar a produzir ou cessar de produzir seus efeitos, dependendo de um acontecimento futuro e certo (tanto a condição quanto o termo podem ser suspensivos ou resolutivos); ao ***modo*** - aquela carga imposta ao beneficiário com uma liberalidade da qual renasce uma obrigação que depende de quem o beneficiou.

"São elementos acidentais porque o ato negocial se perfaz sem eles, subsistindo mesmo que não haja sua estipulação. Sua presença é dispensável para a existência do negócio, uma vez que são declarações acessórias da vontade, incorporadas a outra, que é principal".[37]

Os elementos acidentais do contrato foram denominados por alguns autores, como as determinações adicionais da vontade ou do contrato, que só têm vida modificando o fundo e a forma abstrata do mesmo, se as partes os incorporam à relação jurídica.

Desde logo, esses elementos são fruto da autonomia da vontade, devido a que o contrato em sua formação genérica não os compreende.

---

[37] Ibidem.

Mais detalhadamente, a ***condição*** constitui aquela determinação agregada ao contrato, em cuja virtude a produção ou extinção dos efeitos deste dependem de um acontecimento futuro e incerto. Assim, "um ato negocial é condicional quando seu efeito, total ou parcial, depende de um acontecimento futuro e incerto".[38]

As características fundamentais são:

- A futuridade.
- A incerteza que pode recair em "se ocorre o fato" ou em "quando ocorra o fato".

Então, os efeitos da relação jurídica se subordinam ao fato que está por ocorrer e que se desconhece se ocorrerá ou não. Assim, poderá ser classificada como: suspensiva ou inicial (quando dela depende a produção dos efeitos jurídicos que se desejam, quer dizer, o nascimento do direito) ou resolutivo ou final (quando dela depende a cessação do efeito jurídico).

Existem outras classificações, tais como as que se podem identificar tendo em conta a natureza do fato de que depende o ato jurídico (fatos positivos e negativos), tendo em conta a causa produtora do evento (potestativa, causal ou mista), ou mesmo tendo em conta a forma de exteriorização da condição (expressas e tácitas), etc.

O ***termo*** é o elemento com o qual se determina o momento em que o contrato deve começar ou cessar de produzir seus efeitos. "É o dia em que começa ou se extingue a eficácia do negócio jurídico. O termo convencional é a cláusula que, por vontade das partes, subordina os efeitos do ato negocial a um acontecimento futuro e certo"[39]. A nota essencial do termo, para diferenciá-lo da condição, consiste em que o fato tem certeza, podendo ser incerto no "quando", mas há de ser sempre certo no "se".

Igual à condição, seu efeito principal traz consigo a suspensão do exercício do direito (se o termo é suspensivo ou inicial) ou fazer cessar a eficácia do mesmo (se o termo é

---

[38] Ibidem.

[39] Ibid., p 55.

resolutivo ou final). Portanto, tal qual a condição, classifica-se o termo em suspensivo e resolutivo.

Existem outras classificações, como as de termo certo, determinado e indeterminado, etc.

O ***modo*** ou encargo será o ônus imposto ao beneficiado com uma liberalidade, da qual lhe nasce uma obrigação, obrigação essa que, por isso, depende da vontade de quem o beneficiou; "é a cláusula acessória em regra, aderente a atos de liberalidade. Pode consistir numa prestação sem interesse particular para determinada pessoa. P. ex.: doação de um terreno para que nele se edifique uma escola"[40]. Em ocasiões, por sua aproximação, corresponde ao fim (objeto), com a causa, ou com a condição, mas certamente não significa o mesmo e não constitui, tampouco, um elemento essencial do contrato. Para ele se identificam os seguintes elementos e requisitos: 1 Obrigatoriedade; 2 Gratuidade; 3 Acessoriedade.

---

[40] Ibid., p 54.

Capítulo 4
Teoria da Geração do Contrato

Com a importante teoria da geração do contrato, explica-se um conjunto de etapas ou fases mediante as quais transcorre o contrato, desde que nasce até que se consuma, a idéia de contratar. Desse modo, fica claro, desde logo, que o consentimento (elemento que marca os nascimentos dos contratos) não se constitui de qualquer maneira, nem ocorre em qualquer momento, pois a formação das relações jurídicas atravessa necessariamente as seguintes etapas:

1. Fase interna:
- Idealização.
- Deliberação ou cogitação.
- Determinação.

2. Fase externa:
- Exteriorização das vontades (proposta e aceitação).
- Acordo das vontades (consentimento).

3. Fase de consumação do contrato.

4.1. Fase interna

Como se sabe, existem na vida do contrato três momentos principais: a gestação interna, o acordo de vontades e a consumação. A primeira compreende os processos preliminares internos e a formação do contrato; a segunda representa o nascimento do mesmo, ou seja, sua vida jurídica; a terceira significa o cumprimento do fim pelo qual se constituiu o contrato, quer dizer, a realização e a efetividade das prestações derivadas deles.

Na fase interna, o futuro contratante, depois de conceber a idéia do contrato (idealização), sopesa as vantagens e inconvenientes que sua celebração pode gerar (deliberação ou cogitação), e só quando passados esses dois momentos se pode iniciar a determinação do contrato, para dirigir ou comunicar a idéia de contratar a outro sujeito.

4.2 Fase externa

Como aponta Maria Helena Diniz, "como o contrato é um acordo de duas ou mais vontades, estas não são emitidas ao mesmo tempo, mas sim sucessivamente, com intervalo razoável entre uma e outra. Há uma parte que toma iniciativa, dando início à formação do contrato e formulando a proposta, que constitui, portanto, uma declaração inicial de vontade cuja finalidade é a realização de um contrato".[41]

Aqui começa a fase externa, quer dizer, a exteriorização das vontades através da oferta e da aceitação, embora, "antes de aceitar, uma das partes pode pretender apenas obter informações, para saber se interessa ou não o contrato. Assim, indagações, apontamentos, minutas, visitas, contas, troca de cartas para esclarecimentos, não vinculam as partes. O contrato poderá ou não realizar-se".[42]

A fase externa, como já explicamos, é a segunda fase do processo de formação do contrato, onde se manifestam dois momentos importantes, que hão de constituir a antessala do consentimento. Esses momentos são: a oferta (proposta ou policitação) e a aceitação.

A oferta e a aceitação são elementos indispensáveis à formação de qualquer contrato, visto que o consentimento de cada contratante, convergindo para um ponto em comum, encontra-se forma o nexo contratual. Assim, manifesta-se de um lado, pela proposta, o ponto inicial do contrato, e, de outro, pela aceitação, o seu ponto final.[43]

Como afirma Orlando Gomes, "a declaração inicial, que visa a suscitar o contrato, chama-se proposta ou oferta. Quem a emite é denominado proponente ou policitante. A

---

[41] DINIZ, Maria Helena. *Tratado Teórico e Prático dos Contratos*. Op. cit., p 67.
[42] WALD, Arnoldo. *Obrigações e Contratos*. 12. ed. São Paulo: Revista dos Tribunais, 1995, p 174.
[43] DINIZ, Maria Helena. *Curso de Direito Civil Brasileiro*. Op. cit., p 36.

declaração que lhe segue, indo ao seu encontro, chama-se aceitação, designando-se aceitante ou oblato o declarante".[44]

A oferta é o propósito manifestado de contratar, embora toda a iniciativa de contratar não constitua oferta, pois, para que uma proposta seja considerada como oferta, deve preencher os seguintes requisitos:

1. A pessoa deve emiti-la com verdadeira intenção e desejo de obrigar-se.

2. Deve conter todos os elementos essenciais necessários para a conclusão do contrato.

3. Deve ser dirigida a uma pessoa e ser manifestada publicamente.

Dessa forma, só constitui oferta a declaração que abraça o conteúdo essencial do contrato proposto, de modo preciso e evidente e que para a sua celebração só seja necessária a aceitação do destinatário.

A proposta de contrato - diz Arnoldo Wald - "obriga o proponente, como toda declaração unilateral de vontade, se o contrário não resultar dos seus termos, da natureza do negócio ou das circunstâncias do caso, deixando todavia a policitação de ser vinculatória se, feita, sem prazo, a pessoa presente, não for aceita imediatamente ou se, feita a pessoa ausente, esta não responder dentro do prazo estipulado ou de prazo razoável".[45]

A aceitação é a adesão do destinatário à oferta, sem nenhuma modificação "[...] é a aquiescência a uma proposta. O aceitante integra sua vontade na do proponente, emitindo declaração expressa, realizando atos que exteriorizam, ou, até, silenciando, quando deveria falar".[46]

Para que a aceitação tenha vida jurídica, serão necessárias as seguintes condições:

1. Deve corresponder-se com a proposta.

2. Deve dirigir-se ao proponente.

3. Deve conter o propósito sério de celebrar o contrato.

---

[44] GOMES, Orlando. *Contratos*. 17. ed. Rio de Janeiro: Forense, 1997, p 57.
[45] WALD Arnoldo. *Obrigações e Contratos*. 12. ed. São Paulo: Revista dos Tribunais, 1995, p 174.
[46] GOMES, Orlando. *Contratos*. 17. ed. Rio de Janeiro: Forense, 1997, p 64.

4. Deve fazer-se dentro do prazo concebido.

Como é observado, o elemento que vincula essas fases (gestão interna e exteriorização das vontades) é, de fato, a necessidade de ofertar, que gera a aceitação como um preâmbulo para o consentimento.

4.3 Formação do consentimento entre presentes e ausentes

Como é lógico, se os sujeitos estão presentes, quer dizer, frente a frente, o contrato é aperfeiçoado no momento em que o aceitante (oblato) dá sua conformidade com a oferta. Para tanto, se o aceitante não manifesta sua conformidade, não haverá lugar para entender como conformada a relação jurídica em questão. O contrato "torna-se perfeito e acabado no momento em que nasce o vínculo entre as partes. Para sua formação, são necessárias duas ou mais declarações de vontade que se encontrem emitidas por duas ou mais partes, ou atuação da vontade do oblato".[47]

Nos casos de contratos entre ausentes, surge o problema da determinação do momento em que se constitui a relação jurídica contratual, pois, "por vezes, as declarações se emitem sem se poder determinar a precedência, formando-se o contrato instantaneamente. Outras vezes medeia entre uma o outra um lapso de tempo, mesmo entre presentes"[48]. Para poder explicar esse momento, foram elaboradas várias teorias:

1. A teoria da declaração,

2. A teoria da expedição (emissão),

3. A teoria da recepção, e

4. A teoria do conhecimento (informação).

Embora a maioria das legislações aceite e debata entre o sistema da recepção e o do conhecimento, faremos algumas considerações neste momento a respeito.

A oferta - diz Orlando Gomes - "pode dirigir-se a quem não tenha condições de dar resposta ao proponente, nesse caso é necessário determinar o momento de sua eficácia. Não será, evidentemente, o de sua formulação, porque o proponente pode destruí-la, sem que o

[47] Ibid., p 57.
[48] Ibidem.

oblato venha a saber de sua existência. Não basta sua expedição, porque é declaração receptícia de vontade. Necessário que a pessoa a quem é dirigida tome conhecimento do seu conteúdo. O momento em que se firma deve ser, por conseguinte, da sua recepção pelo eventual aceitante".[49]

Para verificar o momento exato da formação do contrato, afirma Arnoldo Wald, "é preciso distinguir os contratos entre presentes e entre ausentes. Nos primeiros não há maior dificuldade para fixar o momento da criação do vínculo contratual porque normalmente a aceitação imediata desvincula o policitante, salvo quando a proposta é apresentada como válida para determinado prazo".[50]

Com efeito, *inter absentes*, pela teoria da declaração, o contrato é tido como formado no instante em que o oblato expressa, por escrito, sua intenção de aceitar a proposta; pela teoria da expedição, o contrato é tido como formado no momento em que é remetida (postada) tal intenção ao policitante; pela teoria da recepção, forma-se o contrato quando o proponente recebe (ainda que dela não tome conhecimento) a resposta do aceitante; finalmente, pela teoria do conhecimento, forma-se a relação jurídica contratual desde o momento em que o ofertante conhece o conteúdo da aceitação.

A respeito, já dizíamos, as legislações acolheram critérios distintos para configurar o momento da formação do contrato, não sendo unânime o critério do conhecimento. Por exemplo, pelo artigo 317 do Código Civil cubano, reconhece-se que:

1. "La promesa hecha mediante una oferta de contrato obliga a quien la hace a no revocarla ni modificarla durante el término establecido en la propia oferta, en la ley o, en su defecto, durante un tiempo prudencial".

2. La aceptación hecha por carta u otro medio de comunicación obliga al aceptante desde que la remite, pero no obliga al que hizo la oferta sino desde que llega a su conocimiento".

---

[49] Ibid., p 63.
[50] WALD, Arnoldo. *Obrigações e Contratos*. Op. cit., p 175.

Como se observa, no parágrafo segundo, o legislador da Ilha declara que só ficará o ofertante obrigado com o aceitante desde o momento em que toma conhecimento do conteúdo de sua aceitação, e claro está, esse momento marca o consentimento que dá vida jurídica à relação contratual.

Em contrapartida, a legislação brasileira consagra a teoria da expedição, conforme se estabelece no art. 1.086 do Código Civil brasileiro, *verbis*:

> Os contratos por correspondência epistolar, ou telegráfica, tornam-se perfeitos desde que a aceitação é expedida, exceto:
> I- no caso do artigo antecedente;
> II- se o proponente se houver comprometido a esperar resposta;
> III- se ela não chegar no prazo convencionado.

Consignada, pois, a mencionada teoria no dispositivo legal transcrito, percebe-se que ele próprio estabelece exceções que se transformam na teoria da recepção, quais sejam, no caso do art. 1.085 (retratação do oblato), comprometimento do ofertante em esperar a resposta e no caso de esta ser serôdia.

4.4 Consumação do contrato

A consumação do contrato é a etapa final do processo de geração, pois é nela que as partes executam as cláusulas estabelecidas. Tal execução está referida ao cumprimento das obrigações e demais condições de entrega no momento e lugar acordado. É aqui onde se cumpre efetivamente o objeto ou finalidade que as partes consideraram como um dos elementos da relação jurídica contratual.

O contrato reputar-se-á celebrado no local e no momento em que foi proposto, pois, "como há um momento em que realmente, ou por presunção legal, as vontades se encontram e o contrato surge, há também um lugar de sua celebração".[51]

Enquanto na legislação brasileira, através do art. 1.087, estabelece-se que o contrato "reputar-se-á celebrado [...] no lugar em que foi proposto", na legislação cubana, dentro da teoria geral das obrigações, a regra obedece a critérios circunstanciais, *verbis*:

---

[51] DINIZ, Maria Helena. *Tratado Teórico e Prático dos Contratos*. Op. cit., p 78.

1. El lugar de cumplimiento de la obligación es el fijado por las partes o, en su defecto, el señalado por la ley.

2. A falta de designación del lugar de cumplimiento, se observan las siguientes reglas:

a) Respecto a las obligaciones monetarias, el pago se realiza en el domicilio que tiene el acreedor en el momento de efectuarlo;

b) Si se trata de un bien mueble determinado, la entrega se efectúa en el lugar en que se encontraba en el momento de constituirse la obligación, salvo que atendida la índole de esta, deba realizarse en lugar distinto;

c) Si el objeto de la prestación es un inmueble o una construcción la entrega se ejecuta en el lugar en que se encuentre; y

d) Las obligaciones de hacer se cumplen en el lugar donde debe prestarse la actividad o el servicio.

3. De no poderse determinar, de acuerdo con la regla de los dos apartados anteriores, el lugar de cumplimiento es el domicilio del obligado.

Depois de verificar a inexistência de uma regra particular que se refira à consumação do contrato, diretamente nos remetemos às disposições concernentes ao cumprimento das obrigações, pois nelas se estabelece o lugar em que normalmente se consuma o contrato segundo os conteúdos da prestação referentes: às obrigações monetárias, à entrega de bens móveis e imóveis, à atividade ou serviços ou em relação ao domicílio do obrigado.

Também denominada fase de pontuação (*puntuazione* para os italianos), esta fase vai-se desenvolvendo até a efetiva realização da policitação ou proposta.

Sem qualquer vinculação jurídica para as partes, no tocante à geração do contrato, a puntuação vai ser útil na interpretação posterior do mesmo e pode até, conforme o caso e nível de seu desenvolvimento, prestar-se a acarretar a responsabilidade aquiliana ao desistente.

Capítulo 5

A Classificação dos Contratos

O presente tema, também de muita importância na ordem teórico-prática, brinda-nos com a possibilidade de formular uma classificação lógica dos contratos, a partir dos diferentes elementos e dos efeitos das relações contratuais. "Cada contrato apresenta vestes diversas. A função do intérprete é examinar sua natureza e classificar o contrato é uma premissa inicial para atingir sua natureza jurídica, seus efeitos, etc. Doutra forma, o intérprete ficaria perplexo, sem poder iniciar o raciocínio lógico e jurídico".[52]

Como leciona Silvio Rodrigues, "a classificação é um procedimento lógico, por meio do qual, o analista encara um fenômeno determinado, grupando suas várias espécies conforme se aproximem ou se afastem umas das outras. Sua finalidade é acentuar as semelhanças entre as múltiplas espécies, de maneira a facilitar a inteligência do problema em estudo".[53]

Um mesmo fenômeno, afirma Maria Helena Diniz, pode ser classificado de diversos modos, conforme o ângulo em que se coloca o jurista. Os contratos, portanto, não fogem à regra, sendo passíveis de várias classificações, pois, apesar de sua grande variedade, há caracteres comuns a muitos deles, que possibilitam seu agrupamento.[54]

Geralmente, são usados grupos diferentes de classificações para designar os contratos de acordo com seus elementos comuns. Para facilitar melhor o estudo deste tema, referir-nos-emos à seguinte classificação:

1. Contratos a título gratuito (doação, comodato).
2. Contratos a título oneroso (compra e venda, troca).

---

[52] SALVO Venosa, Silvio de. *Teoria Geral dos Contratos*. 3. ed. São Paulo: Atlas, 1997, p 35.

[53] RODRIGUES, Silvio. *Direito Civil. Dos Contratos e das declarações unilaterais de vontade*". 21. ed. São Paulo: Saraiva, Vol. 3, 1993, p 26.

[54] DINIZ, Maria Helena. *Curso de Direito Civil Brasileiro. Teoria das Obrigações Contratuais e Extracontratuais*. 4. ed. São Paulo: Saraiva, Vol. 3.1986, p 61.

3. Contratos de tipo associativo (sociedade).

4. Contratos que podem ser indistintamente para a execução ou gestão de um serviço, de custódia, e a título oneroso ou gratuito (mandato e depósito, etc.).

Existem outras classificações que foram formuladas a partir dos seguintes elementos: com relação aos bens (contratos translativos do direito de propriedade), com relação ao trabalho (contratos de serviço), e com relação aos direitos (cessão de crédito, etc.).

Uma das classificações mais importantes é a formulada a partir da natureza dos contratos:

1. Contratos translativos da propriedade: Compra e Venda, Cessão, Troca e Doação.

2. Contratos translativos do uso: Locação, Comodato, Mútuo.

3. Contratos de trabalho e administração: Mandato, Serviços.

4. Contratos constitutivos de personalidade e de administração coletiva: Contrato de Sociedade.

5. Contrato de custódia: Depósito.

6. Contratos aleatórios: Seguro, Jogo e Apostas.

7. Contratos atípicos, múltiplos e mistos: são os contratos inominados ou atípicos, que carecem de regulamentação especial.

Existem outros critérios de classificação que se formulam como segue:

1. Quanto à natureza dos vínculos:

- Unilaterais (mandato)
- Bilaterais (compra e venda)

2. Quanto à causa ou título:

- Onerosos (comutativos e aleatórios)
- Gratuito (doação)

3. Quanto aos requisitos necessários à existência da relação jurídica:

- Consensuais
- Reais
- Formais

4. Quanto à natureza independente ou relacionada com outro contrato:

- Preparatórios (mandato, sociedade)
- Principais
- Acessórios

5. Quanto à sua denominação:

- Nominados
- Inominados

5.1 Quanto à natureza dos vínculos

Quando se fala de contratos bilaterais ou unilaterais, "considera-se o fato de o acordo de vontades entre as partes criar, ou não obrigações recíprocas"[55]. São unilaterais os contratos que só geram obrigações para uma das partes, quando "um só dos contratantes assumir obrigações em face do outro, de tal sorte que os efeitos são ativos de um lado e passivos do outro, pois uma das partes não se obriga, não havendo, portanto, qualquer contraprestação"[56]. São bilaterais (contratos com prestações recíprocas) "quando cada um dos contratantes é simultaneamente credor e devedor do outro, pois produz direitos e obrigações para ambos, tendo por característica principal o sinalagma, ou seja, a dependência recíproca de obrigações".[57]

Por aqui se vê bem a distinção de ambos os contratos. Um, o unilateral, implica obrigações para uma das partes; exemplo: o contrato de doação pura e simples, onde somente o doador carrega a obrigação de transferir a propriedade de um bem ao donatário. Outro, o bilateral, onde os dois pólos contratuais devem cumprir simultaneamente obrigações; exemplo: o contrato de compra e venda, onde o vendedor entrega a coisa e o comprador paga o preço.

É importante salientar o reconhecimento, por parte da doutrina, dos contratos bilaterais perfeitos e imperfeitos, para a hipótese de, naqueles contratos tidos como unilaterais, sobrevir

---

[55] RODRIGUES, Silvio. *Direito Civil. Dos Contratos e das declarações unilaterais de vontade*. Op. cit., p 28.
[56] DINIZ, Maria Helena. *Curso de Direito Civil Brasileiro*. Op. cit., p 62.
[57] Ibid., p 63.

obrigação no curso ou no fim da vigência contratual. Sem embargo, essa subclassificação não se afasta da classificação geral, na medida em que os bilaterais imperfeitos, tal como se apresentam acima, vão gerar obrigações para uma das partes, sempre que a outra tenha cumprido a sua, tomando-se como exemplo o comodato, o qual é tido como unilateral para alguns autores e bilateral imperfeito para outros, tendo-se em conta a obrigação de o comodatário restituir o bem ao cabo do contrato.

O que é certa é a interligação umbilical, nos contratos bilaterais (ou sinalagmáticos), das obrigações contratuais de ambos os contratantes, a ponto de fazer incidir a cláusula da *"exceptio non adimpleti contractus"*, oriunda do Direito Romano, através da qual nenhum dos contraentes pode exigir o adimplemento contratual do outro sem antes cumprir o que lhe cabe, como no caso da locação, onde o locador não pode exigir o pagamento do aluguel sem antes entregar a coisa locada ao uso do locatário.

É bem verdade, também, que essa exceção romana tem lugar nos contratos onde não se estipula a sucessividade das prestações, bem como naqueles em que a lei trata de estipulá-lo.

Aliás, outra não é a previsão do Código Civil cubano quando, em seu art. 295.4, preceitua:

> En las obligaciones recíprocas, ninguno de los obligados incurre en mora si el otro no cumple o no se allana a cumplir debidamente lo que le incumbe. Desde que uno de los obligados cumple la obligación, comienza la mora para el otro.

E o seu similar brasileiro, no art. 1.092 do Código Civil:

"Nos contratos bilaterais, nenhum dos contraentes, antes de cumprida a sua obrigação, pode exigir o implemento da do outro.

Se, depois de concluído o contrato, sobrevier a uma das partes contratantes diminuição em seu patrimônio, capaz de comprometer ou tornar duvidosa a prestação pela qual se obrigou, pode a parte, a quem incumbe fazer prestação em primeiro lugar, recusar-se a esta, até que a outra satisfaça a que lhe compete ou dê garantia bastante de satisfazê-la [...]".

5.2 Quanto à causa ou título

Diz-se a título oneroso ou gratuito o contrato quando uma das partes sofre um sacrifício patrimonial ou apenas obtém um benefício. São onerosos aqueles que trazem vantagens para ambos os contraentes, pois estes sofrem um sacrifício patrimonial[58]. Pode-se dizer que a vantagem de um corresponde ao sacrifício patrimonial do outro.

Dentro dos contratos onerosos, surge uma subclassificação, reputando os contratos como comutativos e aleatórios. Os comutativos são os contratos onde as partes têm bem determinados os benefícios ou vantagens que se hão de alcançar com a contraprestação, tendo também bem determinado o momento em que isso há de ocorrer; exemplo: a compra e venda e a permuta. Os aleatórios, também chamados "de sorte" são aqueles onde, ainda que existam as determinações dos benefícios, as partes não têm a certeza de estes verdadeiramente ocorrerem; exemplo: o contrato de seguro.

São gratuitos quando somente proporcionam uma vantagem à outra pessoa, sem qualquer contraprestação[59]. O exemplo claro de contrato gratuito é o de doação pura e simples, uma vez que, se oneroso fosse, perderia sua natureza.

Nos contratos gratuitos - diz De Salvo Venosa – "toda a carga contratual fica por conta de um dos contratantes; o outro só pode auferir benefícios do negócio. Há uma liberalidade que está ínsita ao contrato, com a redução de patrimônio de uma das partes, em benefício da outra, cujo patrimônio se enriquece".[60]

5.3 Quanto as requisitos necessários

Do ponto de vista dos elementos da relação jurídica contratual também se classificam os contratos em ***formais, consensuais e reais.***

- *Consensuais*: Os contratos consensuais são aqueles que para sua validade exigem que o consentimento se manifeste por escrito. Entretanto, pode ser verbal, ou pode tratar-se de um consentimento tácito, mediante fatos que necessariamente se supõem, ou derivam da linguagem mímica, como outra forma de aceitar o consentimento, sem recorrer à palavra ou à

---

[58] Ibid., p 64.
[59] Ibid., p 65.
[60] SALVO Venosa, Sílvio de. *Teoria Geral dos Contratos*. Op. cit., p 44.

escrita. São consensuais quando se aperfeiçoam pelo mero consentimento, seja este formal ou não, bastando o acordo de vontades, como ocorre, por exemplo, com a locação, compra e venda e mandato[61]. São - diz Maria Helena – "os que se perfazem pela simples anuência das partes"[62]. Exemplo: o contrato de sociedade.

Vale ressaltar que, na legislação cubana, todos os contratos são considerados como consensuais, em vista da regra do art. 310 do Código Civil de Cuba, no qual se dispõe que: "*El contrato se perfecciona desde que las partes, recíprocamente y de modo concordante, manifiestan su voluntad*".

- *Reais*: O termo "real" provém da palavra "res" que quer dizer "coisa" em latim. Sendo aplicado às relações contratuais, estas são caracterizadas pela transmissão (tradição) da coisa de uma pessoa para outra. Portanto, "são aqueles que se ultimam com a entrega da coisa"[63]. "O mero consentimento das partes é insuficiente para se ter o contrato como cumprido"[64]. Exemplo: o contrato de depósito e comodato.

- *Formais*: Os contratos formais são aqueles em que o consentimento deve manifestar-se por escrito como um requisito de validade, de tal forma que, se o consentimento não se apresenta mediante escritura pública ou privada, o contrato está afetado por sua invalidez. "São os contratos cuja validade depende da observância de uma forma preestabelecida pela lei. Assim, nos contratos formais, se não obedecidas as formalidades, o negócio carece de efeito"[65]. Os contratos ***solenes*** são aqueles em que a forma se incorpora como um elemento essencial do mesmo, de tal maneira que, se não se cumpre, o contrato pode ser declarado inexistente.

5.5 Quanto à sua denominação

---

[61] Ibid., p 53.
[62] DINIZ, Maria Helena. *Curso de Direito Civil Brasileiro*. Op. cit., p 73.
[63] Ibidem.
[64] SALVO Venosa, Silvio de. *Teoria Geral dos Contratos*. Op. cit., p 53.
[65] Ibid., p 54.

No Direito Romano, especificamente no campo do contrato, distinguiam-se os contratos nominados e inominados, segundo fossem eles designados pelo seu nome ou não[66]. Nas relações socioeconômicas, existem formas de intercâmbio que não estão nominadas na Lei e que devem ser acolhidas pela ordem jurídica e reger-se pelas regras gerais da contratação. “Assim, nominados são os contratos típicos. Aqueles a que a lei dá denominação; os que têm nomes e recebem da ordem jurídica uma regulamentação”[67]. “Inominados são os atípicos, que se afastam dos modelos legais”[68], pois o "legislador não pode imaginar toda espécie de relação jurídica. Surgem na vida cotidiana e são impostos pela necessidade do comércio jurídico”.[69]

Nos contratos atípicos, a determinação formal é dada pelas partes. Isso não significa que a lei não proteja essa manifestação de vontade. Como se está no campo da autonomia da vontade, respaldada pelo ordenamento, a descrição das condutas, feita pelas partes nesses contratos, estará inserida em um negócio jurídico perfeitamente válido e eficaz.[70]

5.6 Quanto à sua natureza independente ou relacionada com outro contrato

- *Preparatórios*: Geralmente pode servir de preparação para outro contrato, criando situações de direito que possibilitam a execução de outros atos jurídicos (mandato, sociedade).

- *Principais*: O contrato principal, “é aquele cuja existência independe da existência de qualquer outro”[71], quer dizer, possui natureza independente e não relacionada com nenhum outro contrato.

- *Acessórios*: O contrato acessório possui uma estreita dependência do contrato principal, pois só pode existir se existir uma relação contratual principal. Geralmente, “como contrato, existe em função do principal e surge para lhe garantir a execução”[72]. Assim se coloca a fiança, por exemplo.

---

[66] SALVO Venosa, Silvio. *Teoria Geral dos Contratos*. Op. cit., p 49.
[67] DINIZ, Maria Helena. *Curso de Direito Civil Brasileiro*. Op. cit., p 74.
[68] Ibidem.
[69] RODRIGUES, Silvio. *Direito Civil. Dos Contratos e das declarações unilaterais de vontade*. Op. cit., p 37.
[70] SALVO Venosa, Sílvio de. *Teoria Geral dos Contratos*. Op.cit., p 49.
[71] RODRIGUES, Silvio. *Direito Civil. Dos Contratos e das declarações unilaterais de vontade*. Op. cit., p 38.
[72] Ibidem.

5.7 O Contrato de Adesão

Um tema de muita atualidade ocupa sem dúvida o contrato de adesão, o qual tem sido também objeto de profundo estudo e de importantes polêmicas.

O contrato de adesão "é aquele em que todas as cláusulas são previamente estipuladas por uma das partes, de modo que a outra, no geral mais fraca e na necessidade de contratar, não tem poderes para debater as condições, nem introduzir modificações, no esquema proposto. Este último contraente aceita tudo em bloco ou recusa tudo por inteiro".[73]

Um exemplo concreto do contrato de adesão é o contrato de seguro, já que é a seguradora quem redige as condições essenciais do contrato, enquanto o segurado nada mais tem a fazer senão aceitar ou não aceitar tais condições.

A adesão pressupõe a existência prévia de uma regulamentação, em relação à qual um sujeito adere a ela. Essa questão polêmica gera a necessidade de determinar se o contrato de adesão pode ser considerado tecnicamente um contrato.

A respeito, Daniel Peral estimou que os contratos de adesão não são verdadeiros contratos, porque neles não há manifestação simultânea de vontades, não há mais que uma declaração de vontade, pois existe uma vontade que estabelece um estado de fatos que não é uma situação jurídica individual, mas um estado de fatos, de ordem geral e permanente, e outra vontade que pretende obter proveito dos mesmos.

Sem embargo, a opinião predominante estima que o contrato de adesão constitui um verdadeiro contrato, enquanto a adesão implica consentimento; "essa modalidade não resiste a uma explicação dentro dos princípios tradicionais de direito contratual. O consentimento manifesta-se, por simples adesão às cláusulas que foram apresentadas pelo outro contratante. Há condições gerais nos contratos impostas ao público interessado. Assim é o empresário que impõe a maioria dos contratos bancários, securitários, de transporte de pessoas ou coisas, de espetáculos públicos, etc."[74]

[73] Messineo. *Doctrina General del Contrato*. Vol 1, p 440, Apud RODRIGUES, Silvio. *Direito Civil. Dos Contratos e das Declarações Unilaterais de Vontade*. 21. ed. São Paulo: Saraiva. Vol. 3, 1993, p 45.

Independentemente de a doutrina moderna ver como núcleo central do contrato o consentimento, somos da opinião de que o contrato de adesão se constitui em um contrato, embora reconhecendo que há limitação na vontade de uma das partes, já que, mediante o ato jurídico, desprendem-se direitos e obrigações, estabelecendo-se o vínculo jurídico desejado.

Os contratos de adesão "surgem como uma necessidade de tornar mais rápidas as negociações, reduzindo custos. Reduz-se assim a iniciativa individual, e surgem, então, como fator de racionalização da empresa".[75]

Os contratos de adesão, como qualquer outro contrato, produzem distintos efeitos, segundo se realizem por um órgão da administração pública ou por uma empresa privada. Como se sabe, hoje seus efeitos negativos repercutem no Direito dos Consumidores, o qual foi tomado de suma importância significativa dentro do Direito Moderno.

Castán Tobeñas afirma que na legislação moderna se podem citar muitos exemplos de aplicação de medidas para solucionar tais problemáticas, referindo-se à manifestação da intervenção legislativa. Destaca como exemplo a Itália e a Alemanha, onde existem disposições gerais que limitam a eficácia das cláusulas preestabelecidas unilateralmente pelas empresas, assim como disposições especiais para determinados contratos, como é a fiscalização administrativa dos seguros.

Esse eminente catedrático espanhol, sem embargo, põe em dúvida a possibilidade juiz solucionar tal problemática, outorgando sê-lhe um poder excepcional de interpretação. O juiz tem a possibilidade de anular as cláusulas, e bem pode ocorrer que a empresa contratante não possa resistir a tais alterações, criando-se, assim, uma extrema insegurança nas relações jurídicas.

Em Cuba, os contratos de adesão têm um caráter jurídico-administrativo, porque a sua regulamentação é estabelecida pelos órgãos da administração pública (contratos de serviços prestados por entidades estatais).

---

[74] SALVO Venosa, Sílvio de. *Teoria Geral dos Contratos*. Op. cit., p 29.
[75] Ibid., p 30.

No Brasil, tais contratos, dado seu caráter especial de ser conduzidos pela vontade de uma das partes (a empresa), encontram limitações previstas no Código de Defesa do Consumidor, bem como na jurisprudência, que lhes vem atribuindo particulares regras de exegese.

Finalmente, é de observar-se que a doutrina os classifica, no critério da amplitude da manifestação de vontade, em contraposição aos ***paritários***, já que podem ser destes diferenciados, na medida em que, ao contrário deles, não carregam consigo, em sua formação, a denominada fase de pontuação ou negociações preliminares.

Capítulo 6
Contratos Translativos do Direito de Propriedade

Existe uma diversidade de critérios válidos para a classificação dos contratos. No presente capítulo estudaremos aquele grupo de contratos translativos da propriedade, cuja nua natureza jurídica, deve estar fundamentada no efeito que produzem.

6.1 Compra e venda

É a compra e venda a relação jurídica por meio da qual, com mais frequência, os cidadãos satisfazem as suas necessidades, pelo que, com muita segurança, pode-se considerar que é o centro de quase todas as relações que estabelecemos. Tal negócio jurídico, do ponto de vista econômico, constitui o fator principal de toda a vida, já que, mediante ele, adquirem-se os primeiros bens por parte da coletividade.

Do ponto de vista jurídico, a compra e venda constitui o contrato mais meticulosamente regulado pelos legisladores, por considerar-se o contrato - modelo, pelo qual se transmite o domínio. É chamado, geralmente, de “'patrão dos demais contratos”.

Sobre a definição da compra e venda, foram concebidos diversos critérios. Comumente se diz que vender é dar a outro uma coisa para obter dinheiro, e comprar é trocar dinheiro pela coisa.

Do ponto de vista histórico, a origem da compra e venda é localizada na troca ou permuta direta de coisas por coisas, já que, enquanto não se conhecia a moeda, os homens, para satisfazer suas necessidades, trocavam os bens entre si. “As necessidades de circulação das riquezas, obrigaram os homens a realizar trocas de mercadorias por mercadorias e por serviços, tendo surgido nos grandes centros um denominador comum para facilitar o comércio

- a moeda"[76]. Mais tarde, para facilitar o intercâmbio, introduz-se o dinheiro como medida de todos os valores, aceita universalmente, substituindo-se a forma rudimentar de intercâmbio anterior, surgindo agora o câmbio indireto de coisa por dinheiro, com o que se facilitaram as transações de todo gênero e, permitiu que o câmbio alcançasse grandes e importantes proporções.

Desse modo, o contrato de compra e venda surgiu como o substituto necessário da troca, sendo apresentado agora como um contrato pelo qual uma pessoa se obriga a transmitir o domínio de certas coisas, e a outra a entregar uma quantia de dinheiro pelas coisas que recebe. "A compra e venda distinguiu-se, assim, da troca ou permuta por importar na transferência de mercadorias de uma parte contratante para a outra, mediante o pagamento de uma quantia de moedas".[77]

A compra e venda geralmente é classificada como um contrato ***consensual***, contrato ***bilateral*** e ***translativo de domínio***, pelo qual as partes se obrigam uma a entregar a coisa e a outra a pagar um preço estimado em dinheiro.

Entretanto, é de ressaltar-se que tanto a legislação civil cubana, em seu arts. 334 e 335, quanto a legislação civil brasileira, em seus arts. 620, 1.122 e 1.126, suscitam dúvida sobre se efetivamente classificam a compra e venda como contrato consensual, e não real, na medida em que estabelecem que o domínio se transfere com a tradição, a par de estabelecerem, paradoxalmente, que o contrato em questão se considera perfeito e obrigatório desde que exista consentimento.

Ora, nesse diapasão, se a tradição é indispensável à transferência do domínio e se a essência da compra e venda é a dita transferência, como chamar, com segurança, o contrato de compra e venda de consensual? Como se pode limitar o objeto de tal contrato à mera entrega da coisa? E, se ele é consensual, como se dará a sua execução do ponto de vista do interesse do comprador, caso se recuse o vendedor a entregar a coisa?

Então, nessa ordem de idéias, do ponto de vista prático, a compra e venda, sendo consensual, só obriga o vendedor a transmitir o domínio, mas isso não se opera até que se

[76] WALD, Arnoldo. *Obrigações e Contratos*. 12. ed. São Paulo: Revista dos Tribunais, 1995, p 254.
[77] Ibidem.

entregue a coisa, o que equivale a dizer que há o compromisso de entrega, mas não a obrigação de entregar. Em outras palavras, a consensualidade recai no nascimento da obrigação de transmitir a propriedade, mas a perfeição total do contrato se dá na entrega da coisa.

6.1.1 Natureza jurídica

Existe uma diversidade de critérios pelos quais se considera essencial a transmissão da propriedade na compra e venda, ou seja, acerca da sua natureza jurídica, deve estar fundamentada no trespasse da propriedade.

Alguns autores afirmam que o objeto da compra e venda é a transmissão da propriedade, mas, quando se trata da compra e venda de um direito, certamente não se pode afirmar que se trate de transmissão da propriedade, senão da titularidade desse direito por parte do vendedor.

De toda forma, a transferência do domínio não só se opera com a compra e venda, senão também em outros contratos translativos do direito de propriedade. Na compra e venda, o comprador recebe o domínio e o direito a seu favor.

Como se observa, deve-se aceitar que o vendedor dá os bens e sua propriedade. A palavra "dar" não deve entender-se só no sentido da entrega, pois pode ser um fato material e não jurídico, como acontece em outros contratos; exemplo: comodato, depósito, arrendamento, etc.

Tampouco na compra e venda a entrega dos bens é considerada como um elemento constitutivo, senão como um ato de execução. De toda forma, dar uma coisa significa transmitir os direitos que se tem sobre ela, incluindo-se o domínio, sendo a finalidade da compra e venda essa transmissão completa de domínio, pois pelo contrário mudaria sua natureza. Assim, pouco importa que a coisa se encontre em poder do vendedor ou de uma terceira pessoa.

Em outro sentido, o debate começa com a questão e precisão do que podemos ou não vender. Então, tal debate mereceria as perguntas seguintes, que deveriam ter respostas nas legislações civis vigentes:

1. A possibilidade de vender bens sem ser o proprietário.
2. A possibilidade de vender bens que terão uma existência futura.
3. A possibilidade de vender bens genéricos.
4. A possibilidade de vender direitos e ações.

A doutrina geralmente aceita que possam ser objeto de venda todas as coisas e todas os direitos que estejam dentro do comércio: coisas móveis, imóveis, semoventes, conjunto de coisas, todo um patrimônio, um estabelecimento mercantil, uma companhia de negócios, créditos, direitos reais, etc.

Desse modo, em muitas legislações se aceitou a venda não só de coisas e direito próprios, senão também dos bens de outras pessoas, estando obrigado o vendedor à indenização, se não puder reivindicar a coisa, declarando-se nula a compra e venda de bens não pertencentes a ele.

Por outro lado, foi aceita a compra e venda de bens futuros, entregando-se o preço quando nascessem as coisas, condicionando-se o contrato a esse nascimento. Em outro sentido, também era possível a entrega do preço antes desse nascimento (vendas aleatórias).

De modo geral, podem vender-se também as coisas específicas ou genéricas, fungíveis, consumíveis, tratando-se por analogia a compra e venda de bens que não são coisas nem direitos, como é o caso de um segredo ou de uma clientela. Igualmente, "a cessão a título oneroso é um exercício do direito, por exemplo um direito de patente (contrato de licença), há de tratar-se por analogia como compra e venda, se a cessão é definitiva, embora, como locação de bens, se a cessão é temporária".[78]

A respeito, procurando uma resposta no Código Civil cubano, podemos dizer que, segundo o art. 334: "Pelo contrato de compra e venda, o vendedor se obriga a transmitir a propriedade de um bem ao comprador, mediante sua entrega e este a pagar por ele determinado preço em dinheiro"[79]. Por outro lado, segundo o art. 1.122 do Código Civil brasileiro, afirma-se que: "Pelo contrato de compra e venda, um dos contraentes se obriga a transferir o domínio de certa coisa, e o outro, a pagar-lhe certo preço em dinheiro".[80]

---

[78] LUDWIG Enneccerus. *Derecho de Obligaciones*. Doctrina Especial. Barcelona: Bosh. Vol. 2. 1994, p 18.
[79] Ley n. 59. Código Civil Cubano, artículo 334.

Como se observa, a compra e venda gera a obrigação de transmitir a propriedade ou domínio dos bens, e é possível mediante sua entrega, embora em algumas legislações não se especifique se a mesma se refere à propriedade ou aos bens.

O que se disse pode confundir a interpretação das regras que se referem à natureza da compra e venda, pois, segundo o Código Civil cubano, a transmissão da propriedade se verifica mediante a entrega dos bens, destacando-se o caráter real e não o consensual, que é próprio desse contrato (arts. 334 e 335 do Código Civil cubano).

Analisando a disposição anterior, devemos verificar se aceita a transmissão da propriedade e a entrega da coisa como fatores determinantes para que exista a compra e venda. Sendo assim, então só há compra e venda quando existe a tradição ou entrega dos bens.

Seria correto considerar que "a transmissão da propriedade (na compra e venda) acontece como consequência da entrega da coisa objeto do contrato, e não pela perfeição deste".[81]

Por outro lado, a palavra, bens exclui os direitos, as ações, e, para ser mais objetivo, também o dinheiro, ainda que saibamos que é possível e muito frequente a troca de nossa moeda nacional por outra. Neste caso, não podemos precisar se este é um ato jurídico de compra e venda ou de troca.

Fala-se da existência da obrigação de pagar um determinado preço em dinheiro, e não de um preço determinado. É expressão que pode ter muitos significados, porque seus efeitos podem ser diferentes, pois pode ocorrer que os bens não tenham um preço determinado no mercado, e nas regulações oficiais, etc. Nesse sentido, pelo art. 336 do Código Civil cubano dispõe-se que o preço da compra e venda é que se estabelece nas regulações oficiais, e somente quando estas não existem é que as partes se acordam.

---

[80] Código Civil Brasileiro. Lei n. 3.071, de 1º.-1-1916, 48ª. edição, Editora Saraiva. S.P. Brasil, 1997, art. 1.122.
[81] VALPUESTA Fernández, Ma. R. y otros. *Derecho de Obligaciones y Contratos*. 2da ed. Valencia: Teran lo Blanch, 1995, p 567.

6.1.2 Características da compra e venda

A compra e venda é tida como um contrato eminentemente consensual (com as objeções anteriores), porque é aperfeiçoado com o mero consentimento das partes sobre a transmissão da propriedade dos bens objeto da venda e o preço, resultando assim obrigatório para ambos, embora não se tenha entregado nem o preço nem a coisa.

Por isso, é um contrato:

a) ***bilateral***, porque produz obrigações recíprocas para as partes contratantes;

b) ***principal***, porque não depende da existência de outro contrato; quer dizer, cumpre por si mesmo um fim contratual próprio ou subsistente;

c) ***oneroso*** de tipo comutativo, pois cada uma das partes procura um benefício mediante o equivalente ou compensação econômica, e os mesmos têm em conta que a aquisição do equivalente de sua prestação está pecuniariamente valorada e bem determinado, desde o momento da celebração do contrato;

d) ***nominado***, porque é especialmente regulado no Código Civil;

e) ***translativo da propriedade***, pois se trata de sua natureza jurídica e da finalidade que como benefício persegue cada uma das partes para satisfazer suas necessidades.

6.1.3 Elementos constitutivos

a) ***Elementos pessoais:*** os sujeitos que intervêm na compra e venda (o vendedor e comprador), para os quais se exigem os requisitos seguintes: o consentimento e a capacidade do mesmo. O consentimento continua sendo um elemento essencial, porque sem este o contrato é inexistente. "Por simplificação", afirma Orlando Gomes, "costuma-se designar o contrato por um dos termos da expressão: compra ou venda. Contudo, somente a expressão completa dá perfeita idéia do seu conteúdo. Uma das partes vende; a outra compra. A parte que se obriga a entregar a coisa com a intenção de aliená-la chama-se vendedor. Comprador, a que se obriga a pagar o preço para habilitar-se à aquisição da propriedade da coisa. O sinalagma é perfeito".[82]

b) ***Elementos reais:*** Refere-se aos bens e ao preço.

---

[82] GOMES, Orlando. *Contratos*. 6ta. ed. Rio de Janeiro: Forense, 1978, p 222.

- Preço

Já dizíamos que o preço da compra e venda, de acordo com o Código Civil cubano, estabelece-se nos regulamentos oficiais, e só quando estes não existem as partes podem negociá-lo (art. 336 do C. C. C).

Segundo o Código Civil brasileiro "a fixação do preço pode ser deixada ao arbítrio de terceiro, que os contratantes logo designarem ou prometerem designar. Se o terceiro não aceitar a incumbência, ficará sem efeito o contrato, salvo quando acordarem os contraentes designar outra pessoa"[83]. Também "se poderá deixar a fixação do preço à taxa do mercado, ou da bolsa, em certo e determinado dia e lugar".[84]

- Bens

"Em princípio - diz Orlando Gomes - todas as coisas no comércio podem ser objeto de venda, os bens corpóreos, as coisas presentes, as futuras, as próprias e alheias".[85]

Requisitos:

1- Existência real e possível;

- ser lícito e estar determinado ou determinável;

- ser propriedade do vendedor.

Sobre essa exigência, a doutrina, já dizíamos, aceitou a venda das coisas alheias. Por isso, o vendedor deveria adquiri-la previamente, para depois colocar o comprador na posse da mesma. Se o vendedor não tiver a propriedade do bem, não quer dizer que o contrato será ineficaz, mas pode produzir consequências protegidas pela legislação vigente, através das regras do saneamento por evicção, e, longe de se considerar nulo, atribuem-se ao comprador os direitos derivados da garantia mencionada.

2- Os bens devem ter existência (bens presentes), embora de alguma maneira se admita que possam ser futuros.

---

[83] Código Civil Brasileiro. Op. cit., art. 1.123.
[84] Ibid., art. 1.124.
[85] GOMES, Orlando. Op. cit., p 227.

Igualmente, "a compra e venda pode ter por objeto os direitos. Neste último caso denomina-se cessão".[86]

c) ***Elementos formais:*** a compra e venda se aperfeiçoa pelo consentimento das partes, embora não se entreguem as coisas. Porém, podemos admitir, relativamente, que a compra e venda de certos bens exige algumas formalidades específicas. Isso acontece com a transmissão da propriedade dos bens imóveis, a qual se formaliza em documento público, e sua validade está condicionada ao cumprimento dos demais requisitos legais. Tal é a disposição do art. 339 do Código Civil cubano, segundo o qual "*la compraventa de bienes inmuebles se formaliza en documento público y su validez esta condicionada al cumplimiento de los demás requisitos legales*".[87]

Para o art. 134 - II do Código Civil brasileiro: *"É, outrossim, da substância do ato a escritura pública [...]*

II - Nos contratos constitutivos ou translativos de direitos reais sobre imóveis de valor superior a cinquenta mil cruzeiros, excetuado o penhor agrícola [...]".[88]

- Obrigações das partes

No Código Civil cubano, em seu art. 337, estabelecem-se as regras para o pagamento dos gastos de entrega e o recebimento dos bens, quando no contrato não se precise a quem correspondem os mesmos. Entretanto, os gastos entregues correspondem ao vendedor e os de recebimento ao comprador.

Igualmente, no mesmo Código se regulam as obrigações das partes; estas são:

a) advertir o comprador dos vícios ou defeitos ocultos dos bens, assim como os direitos de terceiros sobre eles, e responder pelos danos e prejuízos ocasionados pelo inadimplemento das obrigações;

---

[86] Ibid., p. 222.

[87] Ley n. 59. Código Civil Cubano, art. 339.

[88] Código Civil Brasileiro. Op. cit., art. 134-II.

b) conservar o bem em bom estado até o momento da entrega. Se incorrer o vendedor nos gastos ocasionados pela conservação, deve o comprador reembolsá-lo, salvo pacto em contrário;

c) garantir ao comprador a posse legal e pacífica do bem.

Por outro lado, são obrigações do comprador:

a) pagar o preço do bem adquirido. O pagamento se faz no lugar e no tempo acordado;

b) pagar os gastos de formalização do contrato;

c) receber o bem objeto da venda.

Cláusulas especiais concernentes à compra e venda:

Verdadeiros elementos acidentais do negócio jurídico da compra e venda, surgem os pactos especiais de retrovenda, venda a contento, preempção ou preferência, pacto de melhor comprador, pacto comissório e venda a crédito com reserva de domínio.

Com efeito, na venda de imóveis podem surgir as cláusulas resolutivas de retrovenda e pacto de melhor comprador, onde, no primeiro caso, estipula-se prazo (máximo de três anos), dentro do qual o comprador haverá de vender de volta o bem ao que lhe vendeu, obtendo a restituição do preço e as despesas decorrentes do negócio anterior, e, no segundo caso, pactuam as partes que, em determinado prazo (máximo de um ano), poderá ser desfeito o negócio, para ser novamente realizado com quem ofereça maior vantagem

Indistintamente a móveis e imóveis, podem surgir as cláusulas da venda a contento, preempção ou preferência, pacto comissório e venda a crédito com reserva de domínio.

Na venda a contento, as partes podem estipular a condição suspensiva ou resolutiva consistente na satisfação do comprador com a qualidade do produto adquirido. Se o comprador não se satisfizer, pode não se realizar a compra e venda - se a cláusula for suspensiva, e se desfazer o negócio jurídico - se a cláusula for resolutiva. Exemplo clássico é o da editora que envia o livro ao leitor sob a condição de este apreciar a obra, caso em que a devolverá àquela.

Na preempção ou preferência, que pode ser convencional ou legal, pactua-se, no primeiro caso, a preferência do vendedor na recompra do bem caso venha a vendê-lo o comprador, e, no segundo caso, a hipótese da denominada retrocessão, no qual o poder público expropriante dará preferência ao expropriado, pelo preço da expropriação, na venda do imóvel por ele expropriado e não utilizado para o fim declarado.

O pacto comissório é a cláusula resolutiva expressa que estabelece o desfazimento da compra e venda de pleno direito se não pago o preço. Contrapõe-se à cláusula resolutiva tácita concernente aos contratos sinalagmáticos.

A venda a crédito com reserva de domínio é aquela em que o vendedor se garante, mantendo para si o domínio da coisa vendida, até que o comprador perfaça o pagamento de todo o preço, neste caso dividido em prestações. O comprador recebe a posse da coisa, que poderá perder caso não efetue o pagamento do preço.

Essas figuras jurídicas são previstas nos art. 1.140 a 1.163 do Código Civil brasileiro e art. 1070 e 1.071 do Código de Processo Civil brasileiro, não encontrando similar na legislação civil cubana.

6.2 Permuta ou troca

Foi considerada a troca como o contrato mais primitivo que a prática humana conheceu. Certamente é um contrato muito velho, que se apresenta como a antessala da compra e venda.

"Historicamente", afirma Orlando Gomes, "a troca, permuta ou escambo, precede à compra e venda. Antes da economia monetária, era o instrumento jurídico da circulação dos bens. Sua importância diminuiu, desde que surgiu a compra e venda. Hoje usa-se raramente, diminuto sendo seu interesse do ponto de vista prático. Sob o aspecto teórico, carece também de maior relevância em vista de lhe dispensarem as legislações tratamento análogo ao da compra e venda".[89]

---

[89] GOMES, Orlando. *Contratos*. Op. cit., p 268.

A troca foi fundamentada, em princípio, como a substituição de coisas por coisas, e, ainda como forma de intercâmbio primitivo, não puderam ser chamados de contrato, porque, só como instituição jurídica, a troca surgiu com a decomposição da sociedade em classes sociais com o surgimento do Estado e do Direito.

No Direito Romano a troca se constituiu como um contrato nominado, de natureza real, que se aperfeiçoava com a entrega da coisa. Portanto o contrato estava seguido imediatamente da entrega da coisa.

De acordo com o Direito Civil espanhol, para o contrato de troca, as partes se entregavam reciprocamente uma coisa por outra. Também, como o contrato primitivo, foi a primeira e única forma de intercâmbio, até que o homem utilizou outros objetos que serviram de medida comum às coisas cambiadas, condição que primeiramente representou o rebanho de animais, os metais preciosos e finalmente a moeda.

Nas legislações dos diferentes países é aplicado à troca tudo relativo à compra e venda, pois esses contratos possuem características similares, sendo ambos tomados como exemplos e modelos dos demais contratos bilaterais translativos da propriedade.

Podemos dizer que existe uma analogia significativa entre a "troca" e a "compra e venda", pois no Direito Romano não se tem certeza se era um só contrato, aceitando-se na troca a entrega do dinheiro para compensar o valor dos bens.

Quanto ao objeto, "todas as coisas que podem ser vendidas podem ser trocadas. Também os direitos, como, por exemplo, um usufruto por outro. Não é necessário que os bens sejam de igual espécie. Lícito, portanto, permutar um imóvel por uma coisa móvel: um bem, móvel ou imóvel, por um direito".[90]

Hoje as legislações civis cubana e brasileira também reconhecem a analogia que existe entre todos os contratos. Dispõe-se no art. 370 do Código Civil cubano que: "*Las disposiciones que regulan el contrato de compraventa son aplicables, en lo pertinente, al*

---

[90] Ibid., p 269.

contrato de permuta"[91]. No art. 1.164 do Código Civil brasileiro se dispõe que: "*Aplicam-se à troca as disposições referentes à compra e venda, com as seguintes modificações:*

I - salvo disposição em contrário, cada um dos contratantes pagará por metade as despesas com o instrumento da troca;

II - é nula a troca de valores desiguais entre ascendentes e descendentes, sem consentimento expresso dos outros descendentes".[92]

6.2.1 Diferenças entre a troca e a compra e venda

Embora ambos os contratos sejam consensuais (com as restrições acima, que valem também para a troca), principais, bilaterais perfeitos, nominados e onerosos, deles nascem relações de obrigações diferentes. Seus elementos pessoais também são diferentes: comprador e vendedor (na compra e venda) e permutantes ou co-permutantes (na troca).

Na permuta, "um dos contratantes promete uma coisa em troca de outra. Na compra e venda, a contraprestação há de consistir, necessariamente, em dinheiro. Na troca não há preço, como na compra e venda, mas é irrelevante que as coisas permutadas tenham valores desiguais. Se a troca for de moedas, havendo ágio, o contrato será de compra e venda".[93]

Por outro lado, deve-se notar que na troca só se trata de intercâmbio de propriedades dos bens; no caso da compra e venda, o intercâmbio se produz entre a propriedade dos bens e o preço.

Doutrinariamente foi dito que "na troca se promete uma coisa ou um direito a câmbio de uma contraprestação, mas esta não consiste em dinheiro, senão em outra coisa ou em um direito. Assim pois, em respeito à permuta não procede distinguir entre o preço e a mercadoria".[94]

Por todas essas razões, a permuta é incompatível com o leilão, aspecto que marca sua diferença com a compra e venda, pois "no leilão se vendem, mas não é possível a troca. Na troca se intercambia uma coisa determinada por outra também determinada. Não se concebe a troca com coisas desconhecidas".[95]

---

[91] Código Civil Cubano. Op. cit., art. 370.
[92] Lei n. 3. 071, de 1º.-1-1916. Código Civil Brasileiro. Op. cit., art. 1.164.
[93] GOMES, Orlando. *Contratos*. Op. Cit., p 268.
[94] LUDWIG Enneccerus. *Derecho de Obligaciones*. Op. cit., p 106.

6.2.2 Garantias inerentes aos contratos translativos da propriedade

Por essa cláusula acessória aposta no contrato, consistente em um sinal dado em dinheiro ou coisa fungível, tem-se o mesmo como constituído. Por ela se obrigam as partes, tornando-o, por um lado, exigível, e, por outro lado, prevendo e possibilitando o arrependimento, estipulando a pena a que se submetem os contraentes no caso de se arrependerem.

Assim, identificam-se, no primeiro caso, as arras denominadas confirmatórias, e, no segundo caso, as arras denominadas penitenciais. No primeiro caso, a execução do contrato é exigível, sob pena de responsabilidade por perdas e danos, no caso da inexecução ou impossibilidade da prestação. No segundo caso, na hipótese de arrependimento, perderá o contratante que as desembolsou (se for ele o arrependido) o sinal dado em favor da parte que as recebeu e restitui-las-á em dobro este, se dele partir o arrependimento.

Em qualquer caso, o sinal é tido como princípio de pagamento, abatido no preço global da coisa.

No sistema do Direito Civil brasileiro, independentemente das arras, uma vez constituído o contrato, não há previsão de arrependimento, tendo em vista a segurança dos negócios jurídicos. Exceção a essa regra é o arrependimento lícito, entendendo-se como tal aquele previsto para a compra e venda de bens imóveis, exercitável ATÉ A LAVRATURA DA ESCRITURA DEFINITIVA.

Como se vê, as arras confirmatórias previnem essa possibilidade, se disserem respeito a contrato translativo de propriedade imóvel, solidificando a impossibilidade de arrependimento nos demais. E as arras penitenciais, por seu turno, coadunam-se com tal possibilidade, no mesmo caso, mas rompendo o sistema jurídico nos demais casos.

---

[95] MARTÍNEZ Escobar, Manuel. *Contratos Diversos*. La Habana: Cultural. S.A, 1939, p 11.

No sistema de Direito Civil cubano, não está regulado o arrependimento nem as arras, de onde se pode inferir que não há exceção à regra de irretratabilidade, mesmo porque, segundo o art. 310 do Código Civil cubano, todos os contratos são consensuais.

No entanto, o art. 312 do mesmo Código preceitua que nos contratos as partes podem estabelecer os pactos, cláusulas e condições que tenham por conveniente, salvo disposição legal em contrário.

6.2.3 Vícios redibitórios

Proveniente dos elementos naturais dos atos jurídicos romanos (*naturalia negotii*), os vícios redibitórios (ou ocultos) são aqueles defeitos existentes na coisa, ao tempo da tradição, que a tornam imprestável ou lhe diminuem consideravelmente o valor. Entretanto, tais vícios se estabelecem para garantir a qualidade dos bens que se transmitem por meio dos contratos bilaterais e comutativos, sendo oportuno lembrar que eles aparecem nas doações remuneratórias e com encargo, bem como nos contratos de arrendamento.

Dessa forma, estabelecem-se regras específicas para os bens móveis e imóveis, sendo certo que tais defeitos devem ser, no primeiro caso, alegados judicialmente em 15 dias, e, no segundo caso, em seis meses, segundo o art. 178, parágrafo 2º e inciso IV, do Código Civil brasileiro, e em seis meses (para os bens móveis vendidos), segundo o art. 117 do Código Civil cubano.

Tais alegações podem redundar em ação redibitória, onde se enjeita a coisa por sua total imprestabilidade, além das perdas e danos que o caso reclamar, ou em ação estimatória *quanti minoris*, onde se abaterá o preço, em função da amplitude do defeito.

6.2.4 Evicção

Também oriunda dos elementos naturais dos atos jurídicos romanos, a evicção vem instituída na lei civil cubana e brasileira, buscando proteger o domínio e a posse pacíficos sobre os bens recebidos. Isso quer dizer que, com ela, defende-se a posse e, domínio sobre a coisa recebida, obrigando-se o transmitente à restituição do preço e à indenização dos frutos, bem como despesas contratuais, quando por sentença judicial se atribui a posse ou domínio do bem a terceiro.

Pode ser ela total ou parcial, segundo se dirija a privação ao bem como um todo ou a parte dele, atribuindo-se ao evicto, neste último caso, a opção entre a resilição do contrato ou o abatimento do preço.

Para os art. 341 e seguintes do Código Civil cubano: "*La evicción tiene lugar cuando por sentencia firme y en virtud de un derecho anterior a la compraventa, el comprador es desposeido de todo o parte del bien adquirido*".[96]

Assim, o vendedor responde pela evicção, e é nulo todo o pacto que o libere desta responsabilidade (art. 342 do mesmo Código), não ocorrendo o mesmo, entretanto, na legislação brasileira, que admite a não-responsabilidade por ela, através da parte final do *caput* do art. 1.107 do Código Civil.

Dessa forma, o vendedor está obrigado ao saneamento que corresponde sempre que prove que se notificou a demanda de evicção a pedido do comprador. Se falta a notificação, o vendedor não está obrigado ao saneamento.

Sendo declarada a evicção, o comprador tem direito a exigir do vendedor:

a) a restituição do preço liquidado;

b) os rendimentos, se foi condenado a entregá-los;

c) o reembolso dos gastos e das custas do processo que motivou a evicção;

d) os gastos do contrato, se o pagou.

6.3 A doação

A doação (*donis datio*), *donatione*, expressa a liberalidade que uma pessoa exercita a favor de outra, desprendendo-se de algo que lhe pertence. A doação, em sentido técnico-jurídico, é uma atribuição patrimonial gratuita por acordo de ambas as partes, em virtude da qual se enriquece o patrimônio de outro.

---

[96] Código Civil Cubano. Op. cit., art. 341.

No Direito Antigo e no Direito Clássico, aquele desprendimento de riqueza era consequência de uma transferência do direito real, de uma pessoa para outra. Por outro lado, na mera concessão de uso ou nos benefícios de serviços foi considerado que não havia incremento patrimonial, a menos que em sua virtude se economizaram os gastos que teriam de fazer-se.[97]

A doação se entendia em duas classes: doações *inter vivos* e doações *mortis causa*, segundo suas condições e tipos.

No Direito Romano não era a *donatio* um negócio jurídico que teve forma ou efeitos próprios, mas se considerou a determinação de um fim prático que podia ser alcançado mediante negócios diversos. O essencial era que diminuiria o próprio patrimônio do doador e enriqueceria o patrimônio do donatário.

Ainda não sendo considerada a doação como um negócio jurídico, e sim como um fim que poderia ser relacionado com qualquer outro negócio, não chegou a ter um regime próprio. Sem embargo, criaram-se algumas regras gerais, para todos os atos jurídicos.

As doações *inter vivos* em Roma se definiram como uma liberalidade irrevogável, pela qual uma pessoa, o doador, liberava-se voluntariamente de uma coisa ou de uma vantagem apreciável em dinheiro, em proveito de outra pessoa.

Quando uma doação *inter vivos* estava perfeita, o doador não podia revogá-la arbitrariamente, salvo em algumas ocasiões, por exemplo:

- Revogação por inexecução dos encargos, pelo que uma doação podia ser feita de certo modo, ou seja, por encargos impostos ao donatário. Se este não executa o que havia prometido, o doador tem o direito de dissolver a doação.

- Revogação da doação do patrono ao *liberto,* pela qual a doação era revogável à vontade do doador.

---

[97] LUDWIG Enneccerus. Op. cit., p 110.

As doações *mortis causa* eram subordinadas à sobrevivência do doador, às vezes para a morte do doador em certas circunstâncias, mas esse tipo de doação também foi feito no caso de perigo especial iminente da vida do doador. Essa doação era revogável a favor do doador, como uma disposição de última vontade. Até sua morte, o doador era livre para mudar de parecer e revogar sua liberalidade. Essa revogabilidade podia ser renunciada pelo doador, através de uma cláusula expressa, constituindo, ainda, a liberalidade a doação *mortis causa*.

A doação *mortis causa* tinha as seguintes características:

- só surtia efeito e era definitiva com a morte do doador;
- caducava por morte anterior do donatário;
- era revogável à vontade do doador, a não ser que houvesse uma cláusula em contrário.

Para esse tipo de doação, era necessário acudir aos procedimentos ordinários, e os mais usados eram a *datio* ou uma estipulação.

No Direito Romano, as doações se estabeleceram também entre cônjuges, e estas foram feitas de um ao outro durante o matrimônio. Essa doação teve uma desvantagem, porque um dos cônjuges podia aproveitar sua influência para obter do outro, liberalidade e assim enriquecer à custa dele, e por tal razão tiveram o caráter revogável. Esse tipo de doação se proibiu, e excepcionalmente ficaram estabelecidas certas liberalidades aos que não se podiam aplicar os motivos da proibição.

Igualmente, existiram as doações *propter nuptias*, que eram doações feitas pela mulher ao marido ou por um terceiro, no momento do matrimônio. Essas doações eram revogáveis.

A doação evoluiu controvertidamente e foi regulada como um modo de adquirir a propriedade, e em nosso tempo moderno se generalizou uma tendência distinta acerca da natureza da instituição. Existe uma tendência dos romanistas modernos pela qual se considera a doação não como fato jurídico, senão como causa genérica de atos e relações jurídicas diversas.

Uma das tendências considera a doação como um contrato e outras como um ato jurídico, que segue as regras dos contratos.

Para distinguir sua natureza jurídica se afirma que não se considera a doação como concessão a título gratuito, as prestações de obras, de serviços gratuitos, ou as doações de um mútuo, sem juros, embora, em virtude de semelhante atribuição, se diminua o ingresso regular do doador, aparecia, do ponto de vista econômico, como diminuição patrimonial, e portanto se admite a existência de uma doação, ainda que formalmente não haja abandono do patrimônio. Assim, essencialmente, a doação aparece quando um bem imóvel que pode ser alugado se deixa a título gratuito por um longo tempo ou se empresta sem juros, com grande capital, a longo prazo.[98]

Podemos dizer que, segundo alguns Códigos Civis, a doação é um fato de liberalidade pelo qual uma pessoa dispõe gratuitamente de uma coisa em favor de outra, que a aceita. Por exemplo, no art. 1.165 do Código Civil brasileiro: "considera-se doação o contrato em que uma pessoa, por liberalidade, transfere do seu patrimônio bens ou vantagens para o de outra, que os aceita"[99]. Portanto, a doação é um contrato translativo da propriedade e gratuito, que possui as características seguintes:

a) atribuição patrimonial que produz o enriquecimento do donatário e o empobrecimento do doador;

b) intenção de beneficiar o donatário quando declara sua aceitação necessária.

Mediante esta última característica é aperfeiçoado o contrato desde que o doador conhece a aceitação do donatário (art. 374.4 do Código Civil cubano). Quer dizer, não basta que o donatário simplesmente aceite a doação, senão que deve comunicá-la ao doador. Neste caso pode aceitar por si só, ou através de terceiros com poderes especiais.

Quanto aos elementos do contrato podem-se mencionar em primeiro lugar os elementos pessoais (o doador e o donatário), os elementos reais (os bens móveis e imóveis). Em outras legislações a doação compreende também os direitos, a renúncia de um direito, etc.

A doação pode fazer-se verbalmente ou por escrito e é exigido que a aceitação verbal dos bens móveis se declare simultaneamente à sua entrega. Para o caso de bens imóveis, deve constar a doação de um documento público (art. 374.1 do Código Civil cubano). Segundo o Código Civil brasileiro "a doação far-se-á por escritura pública, ou instrumento particular. A

[98] Ibidem.

[99] Lei n. 3.071, de 1º.-1-1916. Código Civil Brasileiro, art. 1.165.

doação verbal será válida, se, versando sobre bens móveis e de pequeno valor, se lhe seguir incontinenti a tradição".[100]

A doação é igualmente um contrato unilateral, consensual, principal e nominado que estabelece obrigações para o doador. O doador deverá entregar ao donatário a coisa objeto da doação no tempo, modo e forma que se estabeleça. O donatário só deve expressar sua aceitação e receber a coisa objeto da doação.

O Código Civil cubano, afastando-se dos princípios da doutrina clássica romana, só reconhece a existência da doação *inter vivos*, e não aceita a doação que deveria ter o efeito depois da morte do doador (art. 376).

É de salientar a existência de três espécies de doação previstas na legislação brasileira: a pura ou simples, a modal (ou onerosa) e a remuneratória. No primeiro caso, a denominada doação típica, tal como acima concebida. No segundo caso, tendo em vista o estabelecimento de um encargo a ser cumprido pelo donatário, sob pena de revogação. No terceiro caso, funciona ela como remuneração a serviços prestados pelo donatário ao doador.

Finalmente, no que tange à doação pura e simples, há previsão de sua revogabilidade por ingratidão do donatário, e essa previsão é do Código Civil brasileiro (arts. 1.181 e seguintes), que não encontra similar no Código Civil cubano, pois, por este, a doação se aperfeiçoa desde o momento em que ocorre a aceitação do donatário, sem nenhuma circunstância posterior que a possa desconstituir.

---

[100] Ibid., art. 1.168.

Capítulo 7

Os Contratos Translativos do Uso

Os contratos translativos do uso são aqueles que, como o empréstimo (comodato ou mútuo) uma pessoa se obriga a entregar a outra uma coisa, como objeto de uso, obrigando-se esta última à restituição segundo as condições acordadas. Por conseguinte, esses contratos foram, desde o seu início, considerados contrato reais, ainda que a simples convenção de emprestar a coisa gerasse a obrigação de sua entrega, aceitando-se a promessa e não o contrato, que finalmente se caracterizava pela restituição da coisa entregue gratuitamente para o uso.

7.1 Empréstimo

De acordo com a classificação os empréstimos podem ser civis, mercantis ou administrativos. Os empréstimos civis comumente são regulados pelo Código Civil os mercantis são regidos pelo Código Comercial, e os administrativos pelas leis administrativas. Não obstante, a classificação mais importante é a levada a cabo por causa de seu objeto: o comodato (empréstimo de uso) e o mútuo (empréstimo de consumo). Essas modalidades, por suas características, possuem as seguintes diferenças:

a) O comodato é essencialmente gratuito e o mútuo pode admitir pacto de juros.

b) O mútuo é constituído por meio do compromisso da entrega de dinheiro e a coisa fungível, e o comodato sobre coisas não fungíveis, determinadas ou específicas.

Afirma-se que não se poderá identificar as coisas fungíveis com as consumíveis e que muitas vezes a vontade das partes, e não a natureza dos bens, determina que um empréstimo seja de uso ou de consumo.

c) Por sua finalidade, com o mútuo se pretende criar um benefício de uso na pessoa que recebe os bens, e, portanto, o uso permite a transferência da propriedade, e o comodato só transfere o uso da coisa.

d) Por seus efeitos, o mútuo produz a obrigação de restituir outro tanto da mesma espécie e qualidade; no comodato se restitui a mesma coisa.

e) Os riscos no comodato são para o comodante, que continua sendo o dono da coisa, e, por outro lado, no mútuo são para o mutuário, sem mais obrigação do que a devolução de outro tanto do mesmo gênero, qualidade e quantidade.

7.1.1 Mútuo

Pelo contrato de empréstimo mútuo uma pessoa recebe de outra certa quantidade de dinheiro ou outros bens fungíveis, com a condição de devolver outro tanto do mesmo gênero, quantidade e qualidade. Algo bem parecido é declarado no art. 379 do Código Civil cubano, onde se reconhece que "para o contrato de empréstimo uma das partes se obriga a entregar a outra uma quantidade de dinheiro ou de bens designados só por seu gênero, e esta a devolver outro tanto da mesma espécie e qualidade, dentro do prazo combinado"[101]. O Código Civil brasileiro confirma essas idéias, ao estatuir que "o mútuo é o empréstimo de coisas fungíveis. O mutuário é obrigado a restituir ao mutuante o que dele recebeu em coisas do mesmo gênero, qualidade e quantidade".[102]

De tais concepções, deduzem-se as seguintes características:

O contrato de empréstimo mútuo é um contrato principal, consensual para a legislação cubana e real para a brasileira e demais, translativo de domínio e essencialmente gratuito.

Por outro lado, a doutrina reconheceu este contrato como unilateral, entendendo-se que do mútuo nasce a favor do mutuante um crédito unilateral dirigido à restituição de uma quantidade igual de coisas do mesmo gênero, quantidade e qualidade.[103]

---

[101] Lei n. 59. Código Civil Cubano de 1988, art. 379.
[102] Código Civil Brasileiro. Lei n. 3.071, de 1º.-1-1916, 48. ed., Editora Saraiva. S.P. Brasil, 1997, art. 1.256.
[103] LUDWIG Enneccerus. *Derecho de Obligaciones*. Doctrina Especial. Barcelona: Bosh, 1994, p 224.

Também foi regulada em textos legais diferentes a "promessa do mútuo", à qual se atribuiu um caráter unilateral ou bilateral, pois no primeiro caso só se prometia dar, e no segundo também se promete uma aceitação.

Quando se explica a relação existente entre os contratos onerosos e bilaterais, destaca-se que o caráter oneroso não deve confundir-se com a bilateralidade, pois, em verdade, todas as relações obrigatórias bilaterais são onerosas, mas nem todas as onerosas são bilaterais, situando-se como exemplo o mútuo com juros.

Em outro sentido, nas diferentes legislações se inclui que no empréstimo simples (empréstimo mútuo) está presente a obrigação de entregar bens destinados por seu gênero, fungível ou consumível, no que gera a devolução de outro tanto do mesmo gênero e qualidade.

7.1.1.1 Elementos do contrato de empréstimo mútuo

Os elementos do contrato de empréstimo mútuo são:

a) Elementos pessoais: mutuante e mutuário.

b) Elementos reais: o dinheiro e as coisas fungíveis, pois unicamente esses bens podem ser emprestados em condições de que o mutuário pode ser dono da mesma para consumi-la, sem prejuízo da obrigação de devolver outro tanto do mesmo gênero, quantidade e qualidade.

c) Elementos formais: podem ser exigidas determinadas formalidades especiais para a celebração do contrato, e, de qualquer maneira, a parte poderá acordar a entrega do recibo escrito que justifica a transmissão da coisa, segundo o interesse das partes e da importância econômica da relação jurídica.

7.1.2 Comodato

A origem do contrato do comodato encontrou sua maior expressão no Direito Romano. No Digesto e no Código Justiniano se encontraram acertadas soluções práticas que validaram a perícia e a predição desse direito.

Da mesma forma que o depósito, o comodato foi primeiro uma relação concebida pelo pretor, com o que se regulou a devolução da coisa e a sanção pelo inadimplemento. Existiu a *actio comodati* direta, em favor do comodante, e a *comodati* contrária, a favor do comodatário.

Inspirada por tais antecedentes, no Direito Histórico espanhol, foi desenvolvida a natureza e estrutura do comodato, sob o plano desembrulhado pelos legisladores romanos.

Alguns doutrinadores aceitaram que as coisas fungíveis podiam ser objeto desse contrato, do qual surgia a obrigação de restituir a coisa quando não se a consumia.

Sem embargo, no Direito Romano se considerou que o possuidor de má fé que emprestasse coisa alheia, embora roubada, teria direito à ação de comodato para exigir do comodatário sua devolução. Admitiu-se, pois, que o comodato tivesse formas que determinaram diferentes consequências jurídicas para os contratantes. Por outro lado, no Direito se trataram separadamente os contratos de mútuo e comodato, mas nas legislações modernas se agrupam como figura unitária, surgindo o empréstimo como sentido mais amplo.

7.1.2.1 Conceito, natureza, característica e elementos

O termo "comodato" provém de *commo dum* (proveito), e, segundo muitos historiadores, de "*cum modo*", expressão indicadora do aproveitamento da coisa para seu uso pelo comodatário.

O contrato de comodato tem como objeto a entrega de coisas determinadas para seu uso, pelo que o comodatário se obriga a devolver ao comodante a mesma coisa recebida em empréstimo e não outra, na mesma condição em que lhe foi entregue.

Desse modo, no art. 382 do Código Civil cubano se estabelece que: "Pelo contrato de comodato uma das partes se compromete a ceder a outra o uso gratuito de um bem determinado e esta a devolvê-lo depois de haver utilizado ou a vencer o termo do contrato"[104]. No art. 1.248 do Código Civil brasileiro se dispõe que: "O comodato é o empréstimo gratuito de coisas não fungíveis. Perfaz-se com a tradição do objeto".[105]

[104] Lei n. 59. Código Civil Cubano. Op. cit., art. 382.
[105] Código Civil Brasileiro. Op. cit., art. 1.248.

Denominado também empréstimo de uso, o comodato apresenta as seguintes características: é um contrato principal, consensual para a legislação cubana e real para a brasileira e demais, e podem ser objeto do comodato as coisas móveis e imóveis; é possível o comodato de coisa consumível se o uso não consiste no consumo; é bilateral e imperfeito, é um contrato translativo de uso e gozo; não admite a transmissão da propriedade; é um contrato temporário, etc.

No Direito Romano foram admitidas três formas de comodato:

a) na utilidade do comodatário;

b) na utilidade do comodante e do comodatário ao mesmo tempo;

c) na utilidade do comodante (caso aquele desvirtuasse a essência do contrato).

Os elementos pessoais, reais e formais do contrato são:

- Elementos pessoais: constituem-nos aquelas pessoas que têm capacidade para contratar os quais se denominam comodante e comodatário.
- Elementos reais: referem-se às coisas não fungíveis determinadas por sua espécie.
- Elementos formais: não existe forma para esse contrato, mas se deve levar em conta que se precisa de consentimento para sua perfeição.

Um aspecto importante é a questão do caráter unilateral ou bilateral do contrato, pois para alguns autores é gratuito e unilateral; para outros, é real e bilateral e imperfeito. De toda forma, segundo o Código Civil cubano são obrigações do comodatário, no que similarmente dispõe o Código brasileiro:

a) dar aos bens recebidos o uso estipulado no contrato, o correspondente à sua natureza e destino;

b) responder pelas perdas fortuitas ou pelos danos dos bens quando os use de modo contrário ao contrato, ou a sua natureza ou destino;

c) devolver oportunamente o bem recebido em comodato;

d) assumir os gastos ordinários para o uso e a conservação dos bens.

De igual forma o comodante contrai as obrigações seguintes:

a) entregar o bem ao comodatário;

b) manter o comodatário na posse pacífica do bem pelo tempo combinado e necessário para seu uso;

c) abonar os gastos extraordinários causados durante o contrato para a conservação do bem, sempre que o comodatário o informe adequadamente;

d) reembolsar ao comodatário os gastos em que incorre por danos originados por vícios ou defeitos ocultos, sempre que, antes de celebrar-se o contrato, o comodante conheça a existência do vício.

Por outro lado, além das causas gerais de extinção das obrigações, o comodato se extingue por:

a) morte do comodante ou do comodatário;

b) destinar o bem ao uso incompatível com sua natureza ou destino pactuado;

c) ceder o comodatário, sem permissão, a um terceiro, o uso do bem;

d) reclamar ao comodante o bem antes de ser vencido seu termo, ou de haver concluído o uso combinado, por ter necessidade urgente do mesmo;

e) devolver o comodatário o bem dado em comodato.

7.1.3 Locação

A locação é aquele contrato mediante o qual uma das partes se obriga a transmitir a outra o gozo ou uso sobre uma coisa por tempo determinado e preço certo, ou a executar uma obra ou prestar um serviço, também por preço certo.

Orlando Gomes nos ensina que o Direito Romano conheceu a *locatio conductio,* que compreendia três espécies inconfundíveis: a *locatio rei*; a *locatio perarum*; e a *locatio operis faciendi*. Pela primeira, se prometia, por certo pagamento, uma coisa a fruir. Quem concedia a coisa para ser fruída chamava-se *locator;* quem a fluía, *conductor*. Denominava-se a este *inquilinus*, se o prédio locado era urbano; e *colunus*, se rural. No *locatio operarum*, obrigava-se alguém, mediante certa retribuição, a prestar serviços, enquanto na *locatio operis faciendi* não se levava em conta a razão de cada serviço a ser prestado. No Direito moderno, essas três modalidades contratuais foram disciplinadas sob os nomes, respectivamente, de ***locação de coisa***, ***locação de serviços*** e ***empreitada*** ou ***locação de obra***, rompendo-se a unidade conceitual.[106]

O Código Civil brasileiro, por sua vez, disciplina, nos arts. 1.188, 1.200, 1.216 e 1.237 os contratos de locação de coisas, locação de prédios, locação de serviços, e empreitada, dispondo que: "Na locação de coisas, uma das partes se obriga a ceder à outra, por tempo determinado, ou não, o uso e gozo de coisa não fungível, mediante certa retribuição"; "a locação de prédios pode ser estipulada por qualquer prazo"; "toda a espécie de serviço ou trabalho lícito, material ou imaterial, pode ser contratada mediante retribuição"; "O empreiteiro de uma obra pode contribuir para ela ou só com seu trabalho, ou com ele e os materiais".[107]

Como se pode entender, a locação, como termo geral, inclui o uso dos bens, as obras e os serviços. Essa afirmação é mais ampla que o estipulado na legislação civil cubana. Porém, em sua expressão doutrinária a locação possui distintas classes e requisitos, permitindo-lhe distinguir de um lado o locador e de outro o locatário.

A locação de serviços, em seu início, constituiu a base do contrato de trabalho, que regula a legislação trabalhista.

Por sua natureza se pode considerar como um contrato principal, consensual, sinalagmático, perfeito, oneroso e comutativo. Dentro de suas características se destacam as seguintes:

a) O locador só concede o uso e desfrute dos bens e se obriga a garantir os direitos da locação sobre o gozo dos mesmos.

No contrato de locação de obras ou serviços, o locador está obrigado a garantir as condições para o serviço ou a obra que se há de realizar.

b) O contrato se realiza por um tempo determinado, ou seja, distingue sua temporalidade. A locação de bens por tempo indefinido ou permanente deixa de ser locação para converter-se em outro contrato (censo enfitêutico), figura que não existe na legislação cubana. O tempo há de estar determinado de maneira precisa no contrato, sem prejuízo de que poderá renovar-se ou prorrogar-se. De todas as maneiras, o locador conserva todos os seus direitos para recobrar a coisa arrendada.

---

[106] GOMES, Orlando. *Contratos*. Op. cit., p 272.

[107] Código Civil Brasileiro. Op. cit., arts: 1.188, 1.200, 1.216, 1.237.

No contrato de locação de serviços, não está marcada a determinação do tempo, até mesmo quando é possível que se realize também por tempo determinado.

c) Em todo o contrato de locação há de existir o pagamento por parte do locatário, pelo que se exige a determinação de um preço. Esse preço se fixa em relação ao tempo da duração do contrato ou da qualidade dos serviços, precisando-se os prazos de tempo em que devem ser abonados. Essa característica distingue a locação do contrato da parceria, pois neste o preço não se fixa nem se determina, já que é proporcional à quantidade dos frutos derivados da locação.

A locação de imóveis urbanos no Brasil submete-se aos ditames da Lei n. 8.245/91, onde, entre outras coisas, se consagra a denúncia vazia, destinada às locações residenciais, possibilitando, destarte, a retomada imotivada do imóvel ao cabo de 30 meses de contrato. Em Cuba, existe um regime especial sobre a moradia em geral, regulado pela “Ley General de la Vivienda”.

Capítulo 8

Contratos Preparatórios: Mandato e Sociedade

Os contratos preparatórios são aqueles por meio dos quais criam-se as condições favoráveis para futuros contratos. Assim, estudaremos o contrato de mandato que pode ser definido como aquele ato preparatório, consensual, gratuito ou oneroso, bilateral ou unilateral, pelo qual uma pessoa transfere sua representação a outra, que, aceita, para que em seu nome realize certos atos. Importa também considerar a sociedade como um contrato pelo qual pessoas unem seus patrimônios e interesses para novos empreendimentos e contratos.

8.1 Mandato

O termo "mandato" provém da palavra latina *mandatum*, que por sua vez deriva de *manu datio*, *manum dare,* quer dizer, pelo costume de que as partes contratantes se davam a mão em sinal de que se comprometiam com o combinado, predominando assim como fundamento, a confiança. Dar a mão era símbolo de conclusão do contrato, e, portanto, significava que se dava poder ou encargo a outra pessoa para cuidar dos interesses ou assuntos.

O mandato pode ser definido como aquele ato preparatório, consensual, gratuito ou oneroso, bilateral ou unilateral, pelo qual uma pessoa transfere sua representação a outra, que, aceita, para que em seu nome realize certos atos.

"A possibilidade de utilizar o trabalho alheio na defesa de nossos interesses", diz Arnoldo Wald, "aparece no campo jurídico sob duas formas distintas: a representação e a preposição. Pela primeira o titular do direito pratica atos jurídicos em seu nome e no seu interesse, por meio de terceiro. A representação é a utilização de serviços alheios para a prática de atos jurídicos, enquanto a preposição, decorrente da locação de serviços ou do contrato de trabalho, é o aproveitamento do esforço alheio, devidamente compensado, para a realização de atos materiais".[108]

A representação é legal (representação do incapaz), judicial (representação do advogado ou pessoa capacitada para a administração dos bens) ou convencional (contrato de mandato).

Segundo o art. 1.288 do Código Civil brasileiro, "*opera-se o mandato, quando alguém recebe de outro poderes, para, em seu nome, praticar atos, ou administrar interesses*".

Realmente, o mandato é um contrato consensual, pelo que uma pessoa (mandatário) se obriga em face de outra (mandante) a desempenhar determinados atos por conta e encargo dela.

Em diversos textos encontramos conclusões sobre o objeto do mandato pelo qual se diz que este se refere ao desempenho de alguns serviços ou realização de alguma coisa, considerando-se que este desempenho só é possível por conta ou encargo de outra pessoa, porque sempre se atua por conta do mandante.

Nasce assim a confusão evidente do mandato com a locação de serviços, aspectos que se resolvem só a considerar-se que o mandato é um verdadeiro contrato de gestão, pois sua natureza e objeto determinam a obrigação de gerir a realização de determinados atos que se constituem por vários encargos do mandante.

Desse modo, do próprio conceito de mandato derivam as seguintes características:

a) é rigorosamente um contrato consensual, porque sua perfeição se produz com a aceitação do mandatário;

b) o contrato existe independentemente da remuneração do mandante, pois se presume esse contrato como um ato jurídico também gratuito;

c) há mandato quando o mandatário, por conta ou encargo do mandante, compromete-se a realizar um ato jurídico ou a gerir sua realização em interesse deste.

Os primeiros antecedentes apontam que o mandato foi um contrato eminentemente gratuito, sendo pelo contrário nulo todo mandato oneroso. Em época posterior, modificou-se

---

[108] WALD, Arnoldo. *Obrigações e Contratos*. 12. ed. São Pulo: Editora dos tribunais, 1995, p 394.

esse princípio, admitindo-se a remuneração por determinados serviços, os quais não podiam ser objeto de locação, se bem que, para conservar a diferença com esta, atribuiu-se a tal remuneração o nome de *honorarium* ou *salarium*.

8.1.1 Natureza jurídica

Como dizíamos, o mandato é um contrato baseado na confiança (fidúcia), pois quem empresta o serviço inspira certa tranquilidade e segurança.

Em tal sentido, encontra-se, de um lado, a necessidade, e, de outro, a confiança. A necessidade implica a impossibilidade para realizar um ou vários atos; a confiança permite outorgar faculdades de representação a outra pessoa para desenvolver relações jurídicas. Então, o fundamento desse contrato descansa na confiança, na honestidade e honradez de uma pessoa, que nos conduz a confiar-lhe nossa representação.

8.1.2 Característica

O contrato de mandato possui as seguintes características:

1. É preparatório: prepara situações jurídicas para a realização ou gestão de um ou vários atos. Não tem finalidade própria, pois facilita a celebração de outros contratos posteriores.

2. É consensual: é aperfeiçoado com o consentimento simples das partes.

3. É gratuito ou oneroso: pode ser ou não retribuído.

Embora alguns doutrinadores opinem que, sendo remunerado, o mandato se converte em locação de serviços, a teoria moderna não considera a gratuidade como requisito essencial desse contrato, pelo que muitos Códigos Civis aceitam a possibilidade de que o mandato seja oneroso.

4. É bilateral ou unilateral: segundo seja gratuito ou oneroso.

8.1.3 Classes de mandato

Dentro das classes de mandato se conhecem os mandatos gerais e os especiais. Os primeiros compreendem todos os negócios do mandante, exceto os personalíssimos. Os segundos referem-se a um ou vários negócios determinados.

Uma distinção debatida dessas classes nos conduz a determinar a amplitude das faculdades que se concedem com a relação jurídica, e que está implícita no objeto do mandato.

Existem, ainda, os mandatos simples e representativos. O primeiro existe quando o mandatário atua em seu próprio nome, e o segundo, quando atua em nome do mandante. Denomina-se assim, mandato com representação ou mandato ostensivo.

8.1.4 Elementos

A doutrina distingue três elementos próprios desse contrato:

1. Elementos pessoais.

a) Mandante: pessoa que transfere sua representação a outro.

b) Mandatário (ou procurador): é a pessoa que se encarrega da representação.

2. Elemento real.

O negócio, assunto ou questão para o que se dá o mandato; e, quando este seja remunerado, a remuneração ou honorários.

O mandato remunerado apresenta certa analogia com o contrato inominado (*do ut facias*), "dou para que faças", com a representação e ainda mais com o contrato de locação de obras e serviços, pelo qual, para diferenciá-lo, propomos duas questões essenciais:

1. No mandato não há mais que uma personalidade, a do mandante, pois o representante é representante dele. No entanto, na locação de obras e serviços, existem necessariamente duas personalidades.

2. O contrato de serviços não pode ser revogado só pela vontade de uma das partes. Entretanto, no mandato existe a revogação pelo mandante e a renúncia pelo mandatário.

Para muitos autores, a diferença fundamental está no objeto de ambos os contratos. O mandatário pode obrigar-se a realizar pelo mandante qualquer classe de ato jurídico. Nesse sentido, diz-se que o objeto do mandato é a celebração do ato jurídico. O que diferencia o mandato da locação de obras ou serviços é que o locatário se obriga à realização de um trabalho (material ou intelectual), ou de uma obra, quer dizer, é um contrato que tem por objeto a prestação de um trabalho ou de uma obra. O locatário desempenha o serviço para quem o contratou; o mandatário atua juridicamente (celebra contratos, executa pagamentos, cobra, administra interesses, etc.) por conta do mandante. Mas "o que profundamente afasta um contrato do outro é a idéia de representação, peculiar ao mandato. É a circunstância de que na locação de serviços o locatário atua para o locador, enquanto no mandato o mandatário age em nome, no lugar e pelo mandante".[109]

3. A representação existe no contrato do mandato, mas não na locação de obras e serviços. Portanto, ambos se diferenciam em que: o mandatário representa diretamente o mandante, e o locatário não tem poder de representação do locador.

A representação "constitui, também, o elemento divisório entre o mandato e a comissão mercantil. Na comissão o comissário não representa o comitente, posto que age em nome próprio, de modo que sua atividade comercial vincula a ele, comissário, e não ao comitente. Aqui não há representação, enquanto no mandato esse é o elemento subjacente, pois o mandatário, age em nome e no lugar do mandante".[110]

4. A sub-rogação só tem lugar no mandato e não na locação.

---

[109] RODRIGUES, Silvio. *Direito Civil. Dos Contratos e das Declarações Unilaterais de Vontade*. 21. ed. São Paulo: Saraiva. Vol 3, 1993.
[110] Ibid, p 297.

8.2 A Sociedade

Visto que o contrato, como ato jurídico, pressupõe declarações de vontades, "as pessoas podem reunir esforços ou capitais para empreendimento comum de finalidade econômica, mediante contrato".[111]

A organização dos indivíduos em sociedade, afirma Serpa Lopes[112]:

> é um movimento necessário e mesmo instintivo ao homem. Explica-se: interesses há, inatingíveis se não houver a união de mais de um indivíduo destinada a consegui-lo, sob a cobertura de um objetivo comum. Originariamente, esse movimento associativo se realizava desprovido de uma regulamentação jurídica apropriada: era um mecanismo inorgânico. Só com o perpassar dos tempos deu-se-lhe uma disciplina orgânica, tendente a tornar estáveis e com força jurídica os laços vinculativos entre os que formavam uma sociedade, movimento indispensável ao êxito dos fins colimados pelos sócios. O tratamento unitário de uma pluralidade visando alcançar um dado objetivo surgiu, assim, sob um aspecto natural e quase instintivo. Por isso, sempre ele se manifestou em todos os tempos e fases da sociedade, à medida em que tais interesses surgiam e impunham essa coletivização. A história mostra as suas raízes alongadas a um passado bem distante. Investigações meticulosas confirmam a presença de sociedades criadas no Egito e Babilônia, sob as mais variadas formas.

O contrato de sociedade possui natureza jurídica próxima à cooperação, pois dá a idéia da união de várias pessoas que dispõem do seu patrimônio para adquirir bens e desempenhar atividades futuras.

O contrato de sociedade tem por objeto constituir uma base para alcançar outros fins, por isso é um contrato preparatório, pois, segundo sua natureza, serve para preparar uma situação que facilita a execução de determinados atos.

A maioria das sociedades surge dentro do Direito Comercial, e regida por disposições administrativas que regulamentam sua constituição e personalidade jurídica, embora a constituição das sociedades se apóie na teoria geral da contratação civil, pois ela historicamente se fundamentou no Direito Civil.

"Segundo a concepção romana, o conceito de contrato de sociedade dava lugar à criação de um vínculo obrigatório entre os sócios, mediante a realização de suas respectivas

---

[111] GOMES, Orlando. *Contratos*. Op. cit., p 391.

[112] SERPA Lopes, Miguel Maria de. *Curso de Direito Civil*. 6. ed. Brasil: Freitas Bastos, 1995, p 498.

quotas, destinadas a compor o fundo social, a partilha dos lucros e liquidação"[113], mas pode definir-se o contrato de sociedade como o fato pelo qual várias pessoas se obrigam a combinar os seus esforços ou recursos, para lograr um fim comum.

8.2.1 Características

O contrato de sociedade possui as seguintes características:

1. É um contrato preparatório, pois mediante ele se preparam situações jurídicas e econômicas para celebrar outros atos.
2. É um contrato consensual, pois se aperfeiçoa com o mero consentimento.
3. É um contrato bilateral, pois gera direitos e obrigações recíprocas.
4. É um contrato oneroso, pois se procura certa equivalência ou proporção compensatória entre os benefícios dos sócios a partir da participação deles.

Existem semelhanças entre a sociedade, as cooperativas, as organizações e as associações.

A sociedade é, acima de tudo, um contrato, e as outras formas de associações se constituem por mera convenção ou disposição legal.

A cooperativa tem como causa, geralmente, a união de bens e coisas, mediante a participação de várias pessoas que possuem direitos sobre eles, tendo uma regulamentação especial. A sociedade tem como fundamento a vontade com a intenção de desenvolver negócios jurídicos.

Igualmente, distingue-se a sociedade da associação, embora não seja fácil encontrar suas diferenças. Nas sociedades se destaca e predomina a obtenção do lucro. Nas associações geralmente existe um interesse recreativo, educativo e intelectual.

Nesse sentido, os doutrinadores aceitam que as sociedades se constituem com o objetivo de obter benefícios econômicos, ao contrário das associações, onde é procurado um fim ou interesse geral não econômico.

---

[113] Ibid, p 500.

No caso das organizações, as pessoas se unem sob a condição de desempenhar uma atividade política ou de direção da atividade humana, ou seja, têm como fim a organização social dirigida a ordenar o comportamento individual e coletivo do homem em sociedade, como é o caso da FEU - Federação Estudantil Universitária (Cuba) e UNE - União Nacional dos Estudantes (Brasil).

8.2.2 Classes diferentes de Sociedades

A distinção mais importante acontece entre sociedade civil e mercantil. O limite que existe entre ambas as classes de sociedades é fundamentado em seus objetivos e efeitos, havendo também influência da regulamentação positiva que as protege.

A classificação das sociedades também é admitida em universal e particular. A primeira se refere à inclusão nela de todos os bens presentes (os que pertencem aos sócios no momento de sua formação) de todos os bens futuros; de todos os frutos e rendimentos (a propriedade dos bens dos sócios no momento de sua formação, comunicando-se apenas os frutos que produzir). É a forma de sociedade universal mais viável, pelo que presume a lei ter sido adotada pelos sócios quando não expressamente estipulada outra. Somente as sociedades civis podem ser universais. As particulares, por sua vez constituem-se: a) para a execução de certa empresa; b) para a exploração de certa indústria; c) para o exercício de certa profissão.[114]

8.2.3 Elementos constitutivos da sociedade

São elementos constitutivos da sociedade os seguintes:

a) Elementos pessoais: os sócios para os quais se exige a capacidade jurídica.

b) Elementos reais: cada sócio participa na sociedade com uma contribuição. Sua natureza geralmente se expressa em dinheiro, bens ou salários, etc.

c) Elementos formais: refere-se a uma forma especial para o contrato de sociedade. Isso geralmente conserva a natureza consensual estabelecida em escritura pública.

---

[114] GOMES, Orlando. *Contratos*. Op. cit., p 396.

Capítulo 9
Contrato de Depósito (ou Custódia)

O depósito é o contrato pelo qual uma pessoa entrega a outra uma ou várias coisas com o fim de sua guarda e custódia, até que se exija a devolução.

O professor brasileiro Limongi França tem ensinado que "depósito é o ato pelo qual uma pessoa recebe uma coisa alheia com a obrigação de a guardar e depois restituir"[115]. Assim, segundo o Código Civil brasileiro, pelo art. 1.265, estipula-se que: "*Pelo contrato de depósito recebe o depositário um objeto móvel, para guardar, até que o depositante o reclame*".

A generalidade de doutrinadores e legislações seguiu a concepção romanista acerca da natureza do objeto do depósito, aceitando somente como elemento real os bens móveis. De toda forma, outros autores e legislações, filiando-se à teoria moderna, reconhecem a possibilidade de que esse contrato possa constituir-se também sobre bens imóveis, admitindo-se ao sequestro judicial de um imóvel a qualificação de depósito.

Esse contrato possui as seguintes características:

É um contrato principal, consensual (segundo o sistema de direito civil cubano), embora a doutrina o classifique, a exemplo do sistema de Direito Civil brasileiro, como real, bilateral imperfeito ou, segundo alguns, unilateral gratuito ou oneroso.

O caráter principal do depósito é determinado na medida em que ele é o ato essencial nesse tipo de contrato. Seu propósito é a custódia dos bens entregues.

---

[115] LIMONGI, França. *Instituições de Direito Civil*. 4. ed. São Paulo: Saraiva, 1996, p 802.

9.1 Classes de depósitos

Os contratos de depósito foram classificados a partir de dois grandes grupos: os depósitos civis e os depósitos mercantis. O primeiro nascerá dos depósitos feitos por particulares ou empresas, e o segundo, quando o depósito se constitua em uma operação mercantil, geralmente sobre bens dedicados à exportação e à importação.

Dentro do depósito civil encontram-se o depósito judicial e o depósito extrajudicial. O primeiro nessa subclassificação (o judicial) é determinado pelos juízes e recairá sobre bens objeto de litígio, com o propósito de proteger esses bens, até que o tribunal resolva o assunto que motivou a pretensão litigiosa das partes. Esse tipo de depósito, como se poderá apreciar, está caracterizado por ser um sequestro judicial e por ter como objeto a proteção dos bens.

O segundo tipo de depósito, dentro das classificações do depósito civil, é o depósito extrajudicial, que, como seu próprio nome indica, não interessa juridicamente aos tribunais. Tal depósito se subdivide em extrajudicial voluntário e extrajudicial necessário.

O depósito extrajudicial voluntário é o autêntico depósito civil, regido pelos princípios relativos à contratação civil. Tal depósito é também conhecido como ordinário, pois se constitui desde que o depositário receba a coisa alheia, a ele entregue voluntariamente pelo depositante, com a obrigação de guardá-la e restituí-la quando se lhe exija.

O depósito extrajudicial necessário, ao contrário do voluntário, submete-se a um comando legal ou de situações de calamidade pública. O primeiro se impõe por disposição de lei, como é o caso do inventor da coisa perdida (art. 603, parágrafo único, do Código Civil brasileiro) ou consignação em pagamento (art. 254 do Código Civil cubano). O segundo, também denominado depósito miserável, *depositum miserabile*, impõe-se com o advento de calamidade pública, tais como terremoto, pestes, enchentes, etc.

9.2 Elementos constitutivos

Dentro dos elementos constitutivos do contrato de depósito se encontram os elementos pessoais, entre os quais se destacam o depositante e o depositário.

Existem duas questões que afetam esses elementos na relação contratual que estudamos: a primeira, relativa à capacidade para efetuar o contrato de depósito para ambos os sujeitos. Ambos devem estar capacitados civilmente para tanto; a segunda questão versa sobre a necessidade ou não de o depositante ser proprietário do bem objeto do depósito. A nosso ver, não existe tal necessidade, pois o depósito não transmite propriedade tampouco uso, bastando para o depositante ser o legítimo possuidor do bem.

Outro dos elementos constitutivos do contrato de depósito é o elemento real, que como tal se estende aos bens e às coisas entregues em depósito.

O terceiro elemento constitutivo é o elemento formal, com o que geralmente se exige a forma escrita, salvo se os bens possuam escasso valor.

9.3 Obrigações

a) Obrigações do depositário

Existem obrigações para o depositário que devem cumprir-se, pois se impõem pela própria natureza jurídica do depósito.

A obrigação principal do contrato de depósito é a custódia dos bens entregues. Esta deve fazer-se diligentemente, salvaguardando-os dos perigos previsíveis. Se os bens deixados em custódia se perderem, o depositante pode exigir do depositário o valor dos mesmos.

A custódia deve ser pessoal, salvo se autorize uma terceira pessoa previamente no contrato, podendo essa condição variar em casos de emergência ou perigos presumíveis, ou em casos de serem aprovados pelo depositante.

O depositário deve abster-se de usar a coisa depositada, ou seja, não poderá alegar o direito de usar a coisa, salvo autorização expressa do depositante, sempre levando em conta que o uso deve ser de forma secundária, pois, caso contrário, estaríamos diante de um contrato de comodato.

O depositário deve restituir a mesma coisa depositada, com os acessórios e os frutos, mas não é responsável pela deterioração normal e natural dos bens.

b) Obrigações do depositante

O depositante deverá reembolsar os gastos de conservação dos bens depositados, quando estes são úteis e necessários para a conservação dos mesmos.

Deverá indenizar os prejuízos ocasionados ao depositário, direta ou indiretamente, pelo motivo do depósito, salvo quando a perda ou dano provenha da culpa do depositário.

9.4 O depósito irregular

O depósito irregular implica que as coisas fungíveis se depositem determinando simplesmente sua quantidade, peso ou medida e se dão em custódia para que sejam restituídas no mesmo gênero, quantidade e qualidade.

No Direito Histórico é reconhecida a existência do depósito irregular, mas neste Direito não se resolveram claramente os problemas seguintes: primeiro, se se deve considerar que o depósito de bens fungíveis autorize o depositário a usar os bens, independentemente de ajuste; segundo, se a obrigação derivada consiste em devolver os próprios bens (ainda que fungíveis) ou outros do mesmo gênero, quantidade e qualidade.

9.4.1 Diferenças entre o depósito irregular e o empréstimo mútuo

O depósito irregular e o empréstimo mútuo, em princípio, são contratos gratuitos, e seus efeitos, tanto para o mutuário como para o depositário, se reduzem à devolução de bens do mesmo gênero, quantidade e qualidade, embora existam entre eles notáveis diferenças.

No que concerne ao objeto ou finalidade desejada pelas partes, deve acentuar-se que o mútuo se inspira pelo interesse do mutuário, ao passo que o depósito irregular se inspira pelo interesse do depositante.

Enquanto a restituição, no contrato de empréstimo mútuo, deve respeitar o prazo fixado, pois não poderá antecipar a restituição dos bens, no depósito irregular, o depositante pode solicitar a restituição dos bens quando desejar, ainda que antes do prazo pactuado.

Segundo a intenção das partes, no depósito se deseja a segurança dos bens entregues, e no contrato de mútuo o mutuante só busca uma colocação produtiva dos bens na pessoa do mutuário.

Capítulo 10

Seguro e Fiança

Na doutrina não existe um critério unânime em torno do conceito de contrato de seguro, pois este tem conteúdo heterogêneo, atendendo às diversas classificações, de maneira que resulta impossível reduzir tal instituto a um conceito válido para todos os tipos de seguros.

10.1 Conceito

O contrato de seguro é conceituado como uma relação jurídica pela qual uma das partes se obriga a responder, por meio de certo preço, pelo dano fortuito que pode ocorrer em certos bens que pertencem às outras pessoas.

Como bem define Limongi França[116], o seguro:

> é um contrato em que o segurador se obriga para com o segurado, mediante um prêmio, a indenizá-lo, de uma perda ou dano, ou da privação de um previsto esperado perda, privação ou dano decorrente de um acontecimento incerto. Por outra, é o contrato pelo qual uma parte se obriga, mediante um prêmio, a indenizar as perdas e prejuízos que possam sobrevir à outra parte, em casos determinados, fortuitos, ou de força maior; ou a pagar uma soma determinada de dinheiro, segundo a duração ou a eventualidade da vida ou da liberdade de uma pessoa.

José Castán Tobeñas considera incompletas as definições formuladas a partir dessas concepções, afirmando que o contrato de seguro é aquele pelo qual a seguradora se obriga a pagar uma indenização ao segurado, ou a um terceiro, quando ocorre um risco ou acontecimento incerto na pessoa ou coisa que se segura através de um pagamento, denominado prêmio.

---

[116] LIMONGI, França. "Instituições de Direito Civil". Op. cit., p 857.

Em nosso critério, uma definição racional conceberia o contrato de seguro como aquele em virtude do qual uma das partes (a seguradora) se obriga, mediante uma retribuição ou pagamento (prêmio) que recebe de outra pessoa (segurado), a pagar certa quantidade de dinheiro, no caso de ocorrer um risco, representado pela morte ou a lesão de uma pessoa, ou pelo dano das coisas, ou pela realização de um fato incerto.

O Código Civil cubano, no seu art. 448, estabelece que: "*por el contrato de seguro la entidad aseguradora se obliga a pagar una indemnización o a efectuar alguna otra prestación hasta el total de la suma o valor asegurado, al ocurrir algunos de los acontecimientos previstos en el mismo; y el asegurado a pagar una prima calculada de conformidad con las tarifas establecidas*".

E o art. 1.432 do Código Civil brasileiro: "*Considera-se contrato de seguro aquele pelo qual uma das partes se obriga para com a outra, mediante a paga de um prêmio, a indenizá-la do prejuízo resultante de riscos futuros, previstos no contrato*".

10.1.1 Natureza jurídica

Segundo Planiol, as definições do seguro não mostram a verdadeira natureza, que descansa na divisão dos riscos entre um grande número das pessoas. Colin et Capitant afirmam que o seguro supõe necessariamente dois elementos essenciais: o agrupamento dos segurados e o cálculo das probabilidades.

Vicente Rapa também considerou que a natureza do contrato de seguro reside na distribuição dos riscos entre um grande número de pessoas, pelo que define o seguro "como a compensação dos efeitos do azar, por meio da mutualidade organizada de acordo com leis da estatística".

Planiol expressou que para o contrato de seguro é necessário que exista um segurado único na presença de um risco incerto, ao qual está exposto um grande número de pessoas.

Essas definições se fazem do ponto de vista econômico e não do ponto de vista jurídico. Do ponto de vista econômico, o seguro é um contrato de serviço, supondo a participação de um grande número de pessoas para fazer efetivo um fim (satisfazer necessidades sociais gerais, evitando consequências desastrosas e terríveis danos).

Do ponto de vista jurídico, a mutualidade não constitui a essência do seguro. O conceito que se reconhece no Código Civil cubano não supõe a presença de vários segurados, não é indispensável do ponto de vista jurídico a mutualidade de pessoas seguradas, embora em nosso critério, para que essa instituição alcance seus fins sociais, deva reconhecer-se esse elemento, pois consideramos que o seguro tem natureza eminentemente civil.

10.1.2 Características

O contrato de seguro possui as seguintes características:

- É um contrato bilateral imperfeito, pois gera obrigações recíprocas para as partes, mas o pagamento da indenização ou a realização de outras prestações por parte do segurador se efetua quando ocorre um acontecimento futuro.

- É um contrato principal, porque tem existência por si mesmo, sem depender de um contrato prévio para sua realização, e criar condições para celebração de outro posterior, ou seja, possui finalidade própria.

- É um contrato oneroso, do tipo aleatório ou de sorte. Oneroso, porque ambas as partes, a seu tempo, sacrificam seus patrimônios e têm definido o possível benefício a obtê-lo. A seguradora se obriga em troca de uma retribuição que recebe da outra parte, e aleatório porque o objetivo dele é cobrir um possível risco. As partes não têm certeza do fato previsto, portanto desconhecem o momento em que obterão os benefícios ou as perdas que se originam da relação jurídica.

"O seguro", afirma Arnoldo Wald, "é concebido como promessa condicional de indenização na hipótese de ocorrência do sinistro (acontecimento futuro e incerto causador de prejuízo), tendo como contraprestação o pagamento certo do prêmio pelo segurado. O elemento aleatório consiste justamente na incerteza referente ao pagamento da indenização, que depende da existência de prejuízo em virtude da ocorrência do sinistro no período de vigência do contrato. Uma das prestações (a indenização) é assim condicional, enquanto a do outro contratante (o pagamento do prêmio) é certa e independente de condição".[117]

Desse modo, o risco implica a possibilidade de que um acontecimento se realize. Então, é nota essencial desse contrato a incerteza sobre determinado evento.

- É um contrato nominado, pois aparece expressamente regulado na legislação civil.

- É um contrato de adesão, no qual o segurado deve aderir às condições gerais preexistentes, ou seja, existe uma regulamentação prévia à qual o segurado adere, prestando seu consentimento.

- É um contrato consensual, pois se aperfeiçoa pelo consentimento das partes.

Numerosos autores, ao classificar o contrato de seguro, reconhecem que este é um contrato formal ou solene, pois nele existe a apólice como exigência essencial.

Esse contrato também é considerado como um contrato de serviço, pois mediante esse se oferecem serviços a toda a comunidade e se satisfazem as necessidades sociais em geral. Existe uma vontade limitada (do usuário), porque seria impossível satisfazer as necessidades e condições que impõe cada um deles.

10.1.3 Elementos constitutivos

A seguradora é a instituição especializada e autorizada a ofertar seus contratos, tendo em vista o fundo de seguro e os possíveis eventos que podem ocasionar danos aos segurados (incêndios, acidentes, roubos, responsabilidade civil, entre outros), que geram a destruição ou deterioração de propriedades ou interesses contemplados financeiramente, de acordo com as condições de seguro. Em Cuba, os órgãos autorizados a ofertar os serviços são: a ESEN (Empresa de Seguros Nacionais) e ESICUBA (Empresa de Seguros Internacionais), as quais atendem em representação do Estado cubano, tudo relativo ao seguro e suas respectivas tarefas. No Brasil, o serviço de seguros está a cargo de empresas seguradoras privadas,

---

[117] WALD, Arnoldo. Op. cit., p 436.

supervisionadas por um órgão estatal denominado SUSEP (Superintendência de Seguros Privados).

O segurado é a pessoa física ou jurídica que efetua o pagamento das cotas monetárias ou prêmios do seguro no tempo estabelecido de acordo com a Lei do país ou conforme os regulamentos vigentes, tendo direito, de acordo com as condições estabelecidas na apólice, a receber uma soma de dinheiro (prestação ou indenização) no caso de ocorrer o evento contemplado. "Duas as pessoas que intervêm no contrato: o segurador e o segurado. O primeiro é aquele que suporta o risco, mediante recebimento do prêmio; o segundo é o que tem direto interesse na conservação da coisa, ou da pessoa".[118]

Outra denominação, o beneficiário (ou terceiro), se pode tomar como a pessoa para a qual a seguradora está obrigada a pagar o valor fixado na apólice de seguro, de acordo com o desejo previamente expressado pelo segurado (ou estipulante). Essas figuras subjetivas vão aparecer sob a regulamentação das *estipulações em favor de terceiro*, a teor dos art. 1.098 a 1.100 do Código Civil brasileiro. Disposições semelhantes a estas encontram-se nos art. 460 a 462 do Código Civil cubano.

10.1.4 Elementos reais

São constituídos pelas coisas objeto do seguro. O risco que o segurado quer precaver e o preço ou remuneração como indenização dos danos ocorridos.

Podem ser objeto do contrato de seguro os bens corpóreos ou incorpóreos, móveis ou imóveis, e as pessoas (as diferentes partes de corpo humano, por ex., as mãos de um pianista ou as pernas de um jogador de futebol; as faculdades humanas - por ex., a visão; e a própria vida). Entre outras coisas, é de salientar a proibição da contratação de seguros da coisa como um todo, mais de uma vez, exceto o seguro contra falência ou insolvência do segurador e o seguro de vida.

Referentemente aos riscos, é necessário acentuar que estes podem consistir nos danos causados aos bens, à morte ou qualquer outro previsto que derive de lesões, incapacidade

118 BARROS Monteiro, Washington de. *Curso de Direito Civil. Direito das Obrigações*. 26. ed. São Paulo: Saraiva, 1993, p 335.

física ou morte segurada, e as recuperações pecuniárias de terceiros por lesões corporais ou morte de outra pessoa ou danos dos bens alheios.

10.1.5 Elementos formais

O contrato de seguro, devido à sua complexidade e importância, exige a emissão da apólice e a forma escrita, de acordo com os arts. 450 do Código Civil cubano e 1.433 do brasileiro. Na apólice de seguro devem constar os nomes das partes, o interesse segurado, o valor segurado, os riscos ou eventos, o prêmio com expressão da data e lugar do pagamento, datas de começo e de término do contrato e as demais estipulações deste.

10.1.6 Direitos e obrigações das partes

O órgão segurador e o segurado possuem um conjunto de direitos e deveres, a partir dos quais se desenvolvem as atividades securitárias.

A obrigação essencial do segurador é pagar o valor convencional (tratando-se de seguro das pessoas), ou a indenização do dano causado pelo acidente, tratando-se de seguro de bens. Para avaliar essa indenização, existem dois limites que não podem ser ultrapassados: um, o valor que tem o objeto segurado pelo dia do sinistro (arts. 454 do Código Civil cubano e 1.438 do Código Civil brasileiro), e outro o valor do seguro (arts. 456 do C C cubano e 1.437 - CC).

O segurado, por outro lado, tem a obrigação de pagar a remuneração do seguro ou prêmio, calculada em conformidade com as taxas estabelecidas, como também executar a proteção do objeto do seguro, nos casos de possíveis eventualidades. Igualmente, deve informar imediatamente a seguradora da ocorrência do dano ou fato do qual são derivados os direitos à indenização.

O segurador tem o direito a sub-rogar-se no lugar e nas ações dos segurados contra os autores ou responsáveis do dano (arts. 452 do C. C. cubano e 985 III do C C B).

O segurado tem, por sua vez, o direito de receber da seguradora o pagamento do valor ou da prestação, quando ocorre o fato previsto na apólice.

Existem outros direitos e obrigações que derivam do contrato de seguro e que se estabelecem segundo sua classificação e características.

10.1.7 Classes de seguro

Na doutrina existem vários critérios sobre as classificações do contrato de seguro, sendo estas as principais:

a) Seguros sobre as pessoas:

- Seguro de vida
- Seguro da saúde humana
- Seguro de partes do corpo humano (contra acidentes e enfermidades)
- Seguro de faculdades humanas (contra acidentes e enfermidades)

b) Seguros sobre coisas determinadas:

- Seguro da coisa no transporte
- Seguro da coisa contra incêndios, acidentes, etc.
- Seguro agrícola, etc.

c) Seguros patrimoniais ou sobre interesses econômicos:

- Seguro de responsabilidade civil
- Seguro de crédito
- Resseguro

O resseguro constitui um meio auxiliar, um sistema contratado por uma seguradora diretamente com outra, que assume uma parte do risco a ser coberto, ou seja, "contrato pelo qual um terceiro assume, mediante prêmio ajustado com o primeiro segurador, o risco total ou parcial por ele coberto sobre coisa que é objeto de seguro".[119]

Como o resseguro é um contrato entre duas seguradoras, o ressegurador não estabelece relação imediata com o primeiro segurado, estabelecendo-o somente com a seguradora direta.

---

[119] TORRIERI Guimarães, Deocleciano. *Dicionário Técnico Jurídico*. São Paulo: Rideel. Ltda, 1997.

Segundo Peral Collado, classifica-se o contrato de seguro, ainda, da seguinte maneira:

a) Quanto à forma de operar:

- Mútuo ou por prêmio fixo

b) Quanto ao lugar geográfico onde os bens estão situados:

- Terrestre, aéreo ou marítimo

c) Quanto à sua regulamentação:

- Civil e Mercantil

d) Quanto à natureza do objeto segurado:

- De coisas ou das pessoas

José Castán Tobeñas classifica o seguro do seguinte modo:

a) Quanto ao modo de organização:

- Mútuos ou prêmios fixos

b) Quanto à legislação que os regula:

- Privado (civis e mercantis)
- Sociais

c) Quanto ao objeto ou natureza dos riscos:

- De coisas e pessoas

Atendendo à legislação reguladora, os contratos privados têm sua origem na autonomia contratual; e os sociais se caracterizam pela obrigatoriedade, já que o Estado impõe sua celebração para cumprir os fins de assistência e previsão social.

O seguro privado se divide em civil e mercantil. Os contratos mercantis são acentuados nas sociedades capitalistas e constituem associações privadas que adotam a forma de sociedades anônimas entre outras.

Pelo objeto segurado ou natureza dos riscos, relacionam-se os seguros correspondentes ao seguro de coisas e ao seguro das pessoas:

a) Seguro de coisas

- Seguro contra danos
- Seguro de incêndio
- Seguro contra roubo
- Seguro de transporte terrestre
- Seguro de lucros cessantes
- Seguro de caução
- Seguro de crédito
- Seguro de responsabilidade civil

b) Seguro das pessoas

- Seguro de acidentes
- Seguro de vida
- Seguro de enfermidades e assistência médica

c) Seguro de lucro cessante: a indenização consiste na perda do rendimento econômico que se podia alcançar em um ato ou atividade em caso de ter ocorrido o sinistro descrito no contrato.

d) Seguro de caução: é usado para o caso de inadimplemento. A seguradora se obriga a indenizar os danos patrimoniais sofridos.

e) Seguro de crédito: a indenização se dirige para a cobertura das perdas finais que sofreu o segurado em consequência da insolvência definitiva dos seus devedores.

f) Seguro de assistência médica: consiste no pagamento de certas quantidades e dos gastos de assistência médica e farmacêutica. Pode ajustar-se que o segurador assuma diretamente a prestação dos serviços médicos e cirúrgicos que serão feitos diretamente na conformidade com as disposições regulamentares.

O seguro de coisas ou de danos compreende todos aqueles contratos pelos quais uma pessoa é prevenida contra as consequências de algum dano fortuito a que está exposto seu patrimônio, enquanto o seguro das pessoas ou de quantidades compreende os riscos que podem afetar a existência, a integridade corporal ou a saúde segurada.

Vicente Rapa faz referência às classificações do contrato de seguro, e destaca os seguros privados e sociais, os voluntários e obrigatórios. Afirma que os seguros privados são regulados pelo Código Civil e se contrapõem aos sociais (enfermidade, invalidez, acidente e outros), que se impõem pela vontade do Estado para cumprir fins de assistência e previdência social. É tudo que em Cuba corresponde à legislação trabalhista e não à civil, ocorrendo algo similar no Brasil no que diz respeito à saúde do trabalhador e aos acidentes do trabalho, submetidos à ordem jurídica previdenciária.

O Código Civil cubano dispõe sobre a existência de duas classes de seguros: é voluntário e obrigatório. Segundo o art. 449.1:

> *El seguro voluntario se rige por las disposiciones del presente Código y por aquellas dictadas por el organismo correspondiente, contentivas de las condiciones generales y especiales y las tarifas aplicables a cada tipo de seguro.*

O seguro obrigatório aparece regulado na seção 2 do artigo mencionado, pelo qual se dispõe: "*El seguro obligatorio se rige por las disposiciones de la ley que lo crea y supletoriamente por las que se establecen en este Código*".

Pode-se dizer que essas disposições são similares às do Brasil, na medida em que o seguro voluntário vem regido fundamentalmente pelo Código Civil, sendo certo que o seguro obrigatório o é por legislação especial.

Consideramos que o seguro obrigatório constitui um contrato *suigeneris*, por ser uma imposição legal que as pessoas devem cumprir, sem mediar consentimento algum das partes, como resultado da vontade suprema do Estado.

g) Seguro de bens

O objetivo principal do seguro de bens, em suas modalidades diferentes, consiste na proteção a determinados bens, mediante prévia especificação na apólice de seguros com a entidade seguradora. Ao ocorrer o acontecimento previsto nesse instrumento, obriga-se esta a indenizar os danos ou perdas que sofrerem os bens, em troca de uma retribuição anual que recebe do segurado (prêmio), em correspondência com a taxa estabelecida.

No Código Civil cubano se estabelece no art. 451.a) que o seguro de bens pode cobrir, como interesse segurado, a perda total ou os danos causados por determinados acontecimentos aos bens segurados, e no art. 453 se dá a possibilidade de que o contrato seja celebrado com a pessoa que tem interesse na preservação dos bens, ou por outra em benefício desta.

h) Seguro pessoal

O seguro pessoal constitui uma forma de satisfazer as necessidades da população, que se faz efetiva, proveniente de determinados riscos ou acontecimentos previstos.

i) Seguro de responsabilidade civil

Visa a proteção dos indivíduos contra os atos ilícitos contra si perpetrados, durante o relacionamento social cotidiano.

Em resumo, segundo a classificação do seguro, verificamos que existem tantos tipos de seguros como riscos e bens. O seguro constitui a proteção para a vida e a subsistência do ser humano. Existe o interesse, por parte da ordem jurídica, em evitar as grandes perdas ou danos causados aos cidadãos.

10.1.8 Efeitos jurídicos e extinção do contrato de seguro

Os efeitos jurídicos são previstos na apólice correspondente e nas prescrições dos Códigos Civis.

Como afirma Castán, dada a grande variedade de modalidades de contratos de seguro, os efeitos que produzem estão em função dos diversos interesses segurados, dos distintos riscos contemplados na apólice, etc.

O contrato de seguro extingue-se pelas seguintes causas:

1. Pelo cumprimento da obrigação de satisfazer o segurador, o valor segurado, ao ocorrer o acontecimento previsto.

2. Por resolução em decorrência do inadimplemento de uma das partes de suas obrigações fundamentais.

3. Pelo mútuo acordo, ou seja, para manifestação da vontade e o consentimento de extinguir o contrato.

4. Pelo cumprimento do termo fixado no contrato.

5. Pela cessação do risco, pois deixa de existir o requisito essencial desse contrato.

6. Pelo exercício da ação de nulidade.

Concluindo, podemos dizer que o contrato de seguro possui grande importância para a sociedade, pois representa proteção para os cidadãos ante fatos imprevisíveis e inevitáveis. Essa instituição jurídica alcança diferentes significados ao ser regulada por legislações especiais dos diferentes países.

10.2 Fiança

A fiança, historicamente, foi considerada como um contrato acessório, por meio do qual uma pessoa se compromete a pagar, em face do credor, a dívida, caso o devedor principal não o faça.

A fiança, com efeito e verdadeiramente, é uma relação jurídica acessória, que se constitui a partir da existência de outra relação jurídica tida como principal.

Certo é que as relações derivadas do contrato de fiança permitem a sub-rogação de um terceiro (fiador), aprioristicamente, no lugar do devedor para dar cumprimento à obrigação, para, em um segundo momento, se for do seu interesse exigir o reembolso, sub-rogar-se no lugar do credor primitivo.

A fiança pode ser convencional (contratual), legal ou judicial. No primeiro caso, vem ela pactuada desde logo no negócio jurídico que lhe dá origem ou mesmo atrelada ao negócio jurídico principal, decorrente, em ambos os casos, do consentimento das partes. No segundo caso, seu nascimento advém de imposição legal, como o caso, por exemplo, do tutor impossibilitado de especializar a hipoteca de seus bens imóveis em favor do tutelado, ao assumir a administração dos bens deste (art. 419 do C C brasileiro). No terceiro caso, quando seu nascimento advier de determinação judicial, como o caso, por exemplo, da execução provisória de sentença (art. 588 I, do Código de Processo Civil brasileiro), onde o exequente deve prestar caução ao Juízo, que poderá ser fidejussória, ou seja, através da fiança ora em estudo, para a hipótese de a sentença que lhe favorece não ser confirmada pelo Órgão Jurisdicional *ad quem.*

Sendo considerada como uma forma de garantia do cumprimento das obrigações e não como um contrato dentro da legislação cubana vigente, a fiança é concebida como uma relação em virtude da qual "*una persona asume, frente al acreedor, la obligación de cumplir en lugar del deudor en caso de no hacerlo éste*" (art. 280.1 do C C cubano). Ainda assim ela se apresenta sob as três vestimentas acima aludidas.

Uma vez estabelecida, um de seus principais efeitos é o denominado benefício de ordem ou benefício de excussão, através do qual o fiador tem o direito de indicar ao Juiz, antes que se lhe executem os bens, bens livres e desembaraçados em nome do afiançado, situados na Comarca da execução.

No sistema de Direito Civil brasileiro, o fiador casado não prescinde, para o ato, da outorga uxória, sem o que fica a fiança nulificada. O mesmo não ocorre, entretanto, no sistema de Direito Civil cubano, que prescinde de tal anuência.

Seus elementos subjetivos são: o fiador, o afiançado (devedor) e o credor.

Seus elementos objetivos recaem até a exata amplitude dos interesses da obrigação principal, ou seja, precisamente na própria obrigação, além de seus danos, prejuízos e gastos que originem sua execução.

Seus elementos formais podem ser identificados pela forma escrita que necessariamente vai revestir o contrato de fiança, dispensando maiores formalidades.

Em nosso critério, o contrato em exame é unilateral, em que pese alguns autores, dentre eles Clóvis Beviláqua, terem-no considerado como um contrato bilateral imperfeito. Pensamos que a relação jurídica fidejussória gera a obrigação somente do fiador em pagar, caso o afiançado não o faça.

É contrato gratuito, porque apenas o fiador vai sacrificar seu patrimônio em favor da obrigação não cumprida.

É contrato consensual, aperfeiçoado com o consentimento de fiador, afiançado e credor, sem cuja anuência sobre a idoneidade e solvabilidade do garante verdadeiramente não nascerá o contrato.

É contrato acessório, com vital dependência do contrato principal, sem o qual inexiste juridicamente.

É contrato aleatório, já que o fiador desconhece se vai existir a afetação patrimonial decorrente da dívida não paga, e, no caso positivo, o momento em que vai ver restituído o que pagou, pelo devedor afiançado.

É contrato paritário, já que precedido das negociações preliminares.

É contrato nominado, previsto nas legislações civis.

Pode ser ela constituída por prazo certo ou indeterminado, desobrigando-se o fiador ao cabo do termo aprazado ou por sua própria vontade no segundo caso, circunstância, inclusive, que dá azo à propositura de ação de exoneração de fiança.

A fiança se extingue com a extinção da obrigação principal, ou nas hipóteses estabelecidas nas diferentes regras das legislações civis, por exemplo, art. 285.1.2 do Código Civil cubano e 1.503 do Código Civil brasileiro.

Capítulo 11

Jogos e Apostas

O jogo e a aposta se constituem como relações socioeconômicas aleatórias ou de sorte, pois a representação dos ganhos e os benefícios que deles derivam estão fora do alcance da vontade dos sujeitos que participam, se se tratar de aposta, ou se submetem a determinada participação ativa, que, somada à sorte mencionada, formam o jogo.

Em boa técnica, o jogo e a aposta podem não ser considerados como contratos, mas como atos que não são jurídicos, por não serem reconhecidos pela norma jurídica. Esses atos são motivados por interesses lucrativos ou recreativos, mediante os quais várias pessoas se comprometem a pagar certa quantidade de dinheiro ou de bens a outra, ou outras, que resultam vencedores ou virtuosos.

Alguns autores, sem embargo, consideram esses atos como contratos, pois estão subordinados a determinados preceitos legais e procedem da manifestação bilateral de vontades, atribuindo-se-lhes a lei relativa eficácia jurídica - em alguns casos - e absoluta eficácia jurídica - em outros casos.[120]

No sistema de Direito Romano, não foram autorizados os jogos e as apostas, sendo perseguidos os participantes, a quem se confiscavam os bens e lucros obtidos desses atos, exceto as lutas corporais, as quais subministravam preparação para a guerra.

Com o desenvolvimento das relações socioeconômicas (de consumo), se os foi gradativamente tolerando, chegando a serem classificados em dois grupos:

a) jogos ilícitos (proibidos);

b) jogos lícitos (tolerados e autorizados).

---

[120] GOMES, Orlando. *Contratos*. Op. cit., p 517.

Os jogos ilícitos sempre dependeram absolutamente da sorte, sendo proibidos pelas legislações penais dos diferentes países. Por serem contrários ao ordenamento jurídico, especialmente ao penal, constituem-se em objeto ilícito do contrato, nulificando-o de pleno direito e, por isso, não produzindo qualquer eficácia jurídica. Tome-se como exemplo, no Brasil, o jogo do bicho, a rinha de galos, os cassinos, etc., onde nem mesmo o pagamento espontâneo lhes outorga qualquer juridicidade, sendo certo que estes são perfeitamente repetíveis.

Os jogos lícitos foram sendo considerados como aqueles atos, onde existe a demonstração de força, habilidade e inteligência. Muitos deles tomaram parte, posteriormente, das atividades desportivas e recreativas (boxe, lutas, jogos de carta, etc.).

Dentre estes, podem ser identificados os tolerados e os autorizados. Os primeiros são revestidos de eficácia jurídica relativa, uma vez que geram obrigações naturais. Os segundos, dado que autorizados por lei, revestem-se de eficácia jurídica absoluta, configurando verdadeiros contratos que geram obrigações civis.

Os jogos tolerados, por gerarem obrigações naturais, não produzem exigibilidade do pagamento dos ganhos, como, por exemplo, o carteado, os dados, a sinuca, etc. No entanto, se o jogador receber seu prêmio, não estará obrigado a restituí-lo, salvo se o obteve com dolo ou se o perdente for menor ou interdito (art. 1.477 do Código Civil brasileiro).

E, justamente por não produzirem exigibilidade, não se lhes admite garantia real ou fidejussória, etc.

No tocante aos jogos autorizados é bem de ver que, precisamente por isso, sua exigibilidade exsurge, constituindo-se em verdadeiros negócios jurídicos, suscetíveis de livre circulação e interligação com os demais institutos jurídicos. Tome-se como exemplo a loteria federal e esportiva, a telesena e outros sorteios

De toda forma, em muitos Estados se vem autorizando o desenvolvimento de determinadas práticas, outrora consideradas ilícitas, como por exemplo as loterias referidas, títulos de capitalização, etc., e no sistema de Direito Cubano não se regulam os jogos e as apostas. Esses institutos foram suprimidos do Código Civil vigente. De toda forma, na realidade social, a exemplo do que acima se aludiu, certas manifestações dessa natureza são toleradas em algumas instalações turísticas.

Bibliografia

ALVAREZ Suárez, Ursicino. *El Negocio Jurídico en el Derecho Romano*. Madrid: Revista de Derecho Privado, 1950.

BARROS Monteiro, Washington. *Curso de Direito Civil. Direito das Obrigações*. 26. ed. São Paulo: Saraiva, 1993.

BITTAR, Carlos Alberto. *Direito das Obrigações*. Rio de Janeiro: Forense, 1990.

CARNEVALI de Camacho, Magaly. *Derecho de Obligaciones*. Venezuela: Universidad de los Andes, 1993.

CASTÁN Tobeñas, José. *Derecho Civil Español, Común y Foral*. Madrid, 1991.

CLEMENTE Díaz, Tirso. *Derecho Civil - Parte General*. Ministerio de Educación Superior. Universidad de La Habana, vol. 1, 1984.

COLIN, A e H. Capitant. *Curso Elemental de Derecho Civil*. Madrid, 1943.

DA SILVA Pereira, Caio Mário. *Instituições de Direito Civil*. 15. ed. vol 2. Rio de Janeiro: Forense, 1997.

DE SALVO Venosa, Silvio. *Teoria Geral dos Contratos*. 3. ed. São Paulo: Atlas, 1997.

DE SERPA Lopes, Miguel Maria. *Curso de Direito Civil*. 6. ed. Freitas Bastos Volume II Brasil, 1995.

DIAZ Pairó, Antonio. *Teoría General de las Obligaciones*. Vol I. La Habana, 1960.

DIEGO, F. Clemente de. *Fuentes del Derecho Civil Español*. Madrid, 1922.

DIEGO, F. Clemente de. *Curso Elemental de Derecho Civil*. Madrid, 1923.

DÍEZ-PICAZO Luis y Antonio Gullón. *Instituciones del Derecho Civil*. Vol. 1. Madrid: Tecnos, 1995.

DINIZ, Maria Helena. *Tratado Teórico e Prático dos Contratos*. São Paulo: Saraiva, 1993.

________. *Curso de Direito Civil Brasileiro. Teoria das Obrigações Contratuais e Extracontratuais*. 4. ed. São Paulo: Saraiva, Vol. 3, 1986.

GARCERÁN Julio. *La Prescripción Extintiva*. Tomo I. La Habana, 1944.

GIORGI, Jorge. *Teoría de las Obligaciones*. Vol 4. Madrid, 1911.

GOMES, Orlando. *Obrigações*. 11. ed. Rio de Janeiro: Forense, 1997.

________. *Contratos*. 6. ed. Rio de Janeiro: Forense, 1978.

JIMÉNEZ Serrano, Pablo. *La Protección de las relaciones jurídicas derivadas de los servicios prestados por los trabajadores por cuenta propia*. Tesis presentada en Opción al Grado Científico de Doctor en Ciencias Jurídicas. Santiago de Cuba. Febrero de 1996.

LUDWIG Enneccerus. *Derecho de las Obligaciones*. Doctrina General. Vol. 1. Barcelona. [s.f., s.e.]

LIMONGI França. *Instituições de Direito Civil*. 4. ed. São Paulo: Saraiva, Brasil, 1996.

MANRESA, José María. *Comentario al Código Civil Español*. Tomo II. Madrid, 1911.

MARTÍNEZ Escobar, Manuel. *Obligaciones y Contratos*. La Habana, 1938. [s.e., s.l.]

________. *Contratos diversos*. [s.f, s.e, s.l.]

________. *Mandato y comisión*. [s.f., s.e., s.l.]

________. *Sociedades civiles y mercantiles*. [s.f., s.e., s.l.]

PLANIOL Marcelo y Jorge Ripert. *Las Obligaciones*. Tomo Sexto. Primera Parte. Cultural, S.A. La Habana, 1936.

PERAL Collado, Daniel. *Obligaciones y contrato civiles*. MES. La Habana, 1980.

RAMOS Arias, J. *Derecho Romano*. Vol. 3. Selección de textos latinos. Revista de Derecho Privado. Madrid, 1943.

RAPA Alvarez, Vicente. *El Régimen de las Obligaciones en el nuevo Código Civil Cubano*. Revista cubana de Derecho. n. 34 de 1988.

________. *El Régimen de los Contratos en el nuevo Código Civil cubano*. Revista cubana de Derecho n. 34 de 1989.

________. *Manual de Obligaciones y Contratos*. Primera y Segunda Parte. La Habana, 1991.

RODRIGUES, Silvio. *Direito Civil. Dos Contratos e das Declarações Unilaterais de Vontade*. 21. ed. São Paulo: Saraiva, vol. 3 1993.

ROJINA Villegas, R. *Compendio de Derecho Civil*. México: Porrúa, 1995.

TORRIERE Guimarães, Deocleciano. *Dicionário Técnico Jurídico*. São Paulo: Rideel, Brasil, 1997.

VALPUESTA Fernández, Ma R. e outros. *Derecho de Obligaciones y Contratos*. 2. ed. Valencia: Tirant lo Blanch, España, 1995.

VILLAÇA Azevedo, Alvaro. *Teoria Geral das Obrigações*. São Paulo: Revista dos Tribunais, 1994.

WALD, Arnoldo. *Obrigações e Contratos*. 12. ed. São Paulo: Revista dos Tribunais, 1995.

LEGISLAÇÕES PESQUISADAS:

Constituição da República de Cuba. Texto publicado na Gazeta Oficial da República de Cuba. Edição n.7 (extraordinária) de 1º de agosto de 1992. Editorial Política. Havana, 1992.

Código Civil Cubano de 1889 (contendo alterações e anotações). Publicado pelo Instituto Cubano do Livro. Edição Oficial do Ministério de Justiça, 1975.

Lei n. 59. Código Civil Cubano de 1988.

Lei n. 3.071, de 1º.-1-1916. Código Civil Brasileiro. 48. ed. Editora Saraiva. São Paulo, Brasil 1997.

Código Civil Espanhol. Boletim Oficial do Estado. Madrid, 1982.

Código de Processo Civil Brasileiro. Lei n. 5.869, de 11 de janeiro de 1973. *Vademecum* Universitário de Direito. Editora Jurídica Brasileira. Primeira Edição, fevereiro de 1998.

Lei de Locação Urbana Brasileira. Lei N.º 8.245, de 18 de outubro de 1991.

Printed in Dunstable, United Kingdom

91341900R00068